光明版
GUANGMING VERSION

我爱我的祖国

邓永标◎主编

光明日报出版社

图书在版编目（CIP）数据

我爱我的祖国 / 邓永标主编. -- 北京 : 光明日报出版社, 2021.12（2023.5重印）

ISBN 978-7-5194-6160-7

Ⅰ.①我… Ⅱ.①邓… Ⅲ.①爱国主义教育—中国—通俗读物 Ⅳ.①D647-49

中国版本图书馆CIP数据核字(2021)第111843号

我爱我的祖国

WO AI WO DE ZUGUO

主　　编：邓永标

责任编辑：曲建文　舒　心　　　　责任校对：王　磊

封面设计：张鑫月　　　　　　　　责任印制：董建臣

出版发行：光明日报出版社

地　　址：北京市西城区永安路 106 号，100050

电　　话：010-63169890（咨询），010-63131930（邮购）

传　　真：010-63131930

网　　址：http://book.gmw.cn

E - mail：gmrbcbs@gmw.cn

法律顾问：北京市兰台律师事务所龚柳方律师

印　　刷：天津融正印刷有限公司

装　　订：天津融正印刷有限公司

本书如有破损、缺页、装订错误，请与本社联系调换，电话：010-63131930

开　　本：170 毫米 ×240 毫米

字　　数：229 千字　　　　　　　印　　张：18.75

版　　次：2021 年 12 月第 1 版　　印　　次：2023 年 5 月第 3 次印刷

书　　号：ISBN 978-7-5194-6160-7

定　　价：59.00 元

爱国教育系列丛书编委会

参与编写人员（以姓氏笔画为序）

王少伟　王文静　王　昉　王金圣　王定济　王海民
井志伟　文　韵　邓永标　邓慧超　田兆运　吉　祥
吕文艳　朱　艳　孙宇帆　李清华　杨绍功　何　洁
余昌仁　邹太平　汪新华　沈　帆　宋心蕊　宋　扬
宋豫秦　张　琦　陈奕洁　徐　明　徐晓婷　高　查
郭一平　黄可欣　鹿永建　葛承雍　蒋　芳　谢孟涛
谭晓妮　燕　帅

序言

中共中央、国务院于2019年11月印发《新时代爱国主义教育实施纲要》，提出“要坚持全员全过程全方位育人，在广大青少年中开展深入、持久、生动的爱国主义教育，让爱国主义精神牢牢扎根”。根据这一要求，我们在庆祝中华人民共和国七十华诞之际，组织编写新时代青少年爱国主义教育系列丛书《我爱我的祖国》，旨在引导青少年树立和坚持正确的历史观、民族观、国家观、文化观、人生观，增强爱党、爱国、爱人民、爱军队、爱社会主义和爱集体的情感，更好地肩负起历史使命和时代责任，努力成为维护祖国统一、民族团结、社会稳定的新生力量，努力成为担当民族复兴重任的时代新人，努力成为“德智体美劳”全面发展的社会主义建设者和接班人。

本书通过图文结合演绎故事的形式，展现中国波澜壮阔的悠久历史，阐释博大精深的中华优秀传统文化，展示在中国共产党领导下的中华人民共和国取得的举世瞩目的伟大成就，让青少年真正懂得为什么要爱国、如何爱国的道理。在编写过程中，按照思想性、知识性、生动性、趣味性的要求，慎重选择史料，精心写作、审定，力求青少年爱读、爱学。

本书共分“灿烂的古代文明”“近代的屈辱与抗争”“没有共产党就没有新中国”“江山如此多娇”“砥砺奋进的七十年”“共筑中国梦”六部分。

“灿烂的古代文明”是对祖国悠久历史、灿烂文化的梳理，使读者增强文化自信，懂得这是中华民族贡献给世界的精神财富。

“近代的屈辱与抗争”中讲述了中华民族心灵的创痛，同时也反映了中华民族不畏强敌的反抗斗争精神，激励着中华儿女知耻而后勇，自强不息、砥砺前行。

“没有共产党就没有新中国”通过事实证明，只有中国共产党才能救中国，只有中国共产党才能使中国人民站起来、富起来、强起来。中国共产党的领导是历史的必然，是中国人民唯一正确的选择。

“江山如此多娇”是对中华大地秀美河山的描绘，同时也是对我们守土有责、寸土不让决心的激励。

“砥砺奋进的七十年”所展示的伟大成就，充分证明坚持走中国特色社会主义道路，是实现中华民族伟大复兴的必由之路。

“共筑中国梦”昭示着国家富强、民族振兴、人民幸福的美好前景，是包括所有青少年在内的每一个中国人为之奋斗的梦想。

青少年是民族的未来、国家的希望。在新时代新形势下，我们期盼本书有助于广大青少年树立社会主义核心价值观，提升家国情怀、道德修养、法治意识和文化素养，坚持不懈地以习近平新时代中国特色社会主义思想武装头脑，树立对马克思主义的信仰、对中国特色社会主义的信念、对中华民族伟大复兴的信心，在实现中国梦的生动实践中放飞青春理想，在为人民利益的英勇奋斗中书写人生华章！

编者

目　录

近代的屈辱与抗争

没有共产党就没有新中国

江山如此多娇

砥砺奋进的七十年

共筑中国梦

灿烂的古代文明

在人类发展长河中，中华民族创造了悠久灿烂的中华文明，为人类作出了卓越贡献，成为世界上伟大的民族。

在“灿烂的古代文明”中，通过对祖国悠久历史、灿烂文化的梳理，使读者增强文化自信，懂得这是中华民族贡献给世界的精神财富。

1. 中华文明起源

中国是人类文明的发祥地之一。800 万年以前，在云南的开远、禄丰等地就生活着远古人类。此后，经过漫长时间的进化，形成了不同时期的原始人及氏族部落，如元谋人、蓝田人、北京人、山顶洞人及半坡人等，经历了原始人类、母系社会和父系社会等几个阶段。

在远古时代，人类以氏族、部落为单位聚居。在物产富饶的地方，人类住在山洞里，每天外出采集食物。在物产贫瘠的地方，人类猎取兽类以保障生计，并发明了帐篷，以便随时迁徙，追踪猎物的足迹。这样的生活方式持续了几十万年。随着气候转暖，人类的活动范围越来越广，遍布大半个地球。

对于人类来说，最适合种植的地方往往是江河沿岸的平坦地区。河水经过的地方都会留下肥沃松软的冲积土，因为在这种肥沃的土壤上，人类使用原始的工具也可以实现深耕，这有利于提高农作物产量。于是，越是大型河流流经的地方，聚居

▼ 中华文明起源　人类文明进步

的人口就越多。渐渐地，城市和国家就出现了。

中国是一个有着辉煌文明的古老国度，先后经历了夏、商、周、秦、汉、三国、晋、南北朝、隋、唐、五代、宋辽夏金、元、明和清、中华民国等历史时期。1949年，中华人民共和国成立。

在数千年的历史进程中，中华民族以不屈不挠的顽强意志、勇于探索的精神和卓越的聪明才智，谱写了波澜壮阔的历史画卷，创造了灿烂的物质文明与精神文明。万里长城、大运河、明清故宫等恢宏的遗迹以及种类丰富的出土文物，无不反映出祖先们非凡的智慧、高超的技术；同时在思想文化、科学技术领域涌现了许多杰出的人物，创造出无愧于前代的丰功伟绩；而包括指南针、造纸术、火药和印刷术这“四大发明”在内的无数科技成就，是中华民族为人类文明进步做出的重大贡献。

纵观人类文明史，5000年绵延不断的，唯有中华文明。

延伸阅读：甲骨文传承的中华文明基因

我们了解了中华文明起的起源，那么汉字起源于何时呢？故事要从清末说起。1899年，一位名叫王懿荣的学者生病，便去药店抓了一味名为“龙骨”（古代动物的化石，中医认为它有镇静安神、生肌敛疮的功效）的药材。他意外发现“龙骨”上刻画着许多奇怪符号。酷爱收藏的王懿荣敏锐地意识到这是一种文字。于是他以高价把药店中所有带有这种文字的“龙骨”买回家认真研究。最终，他确定这是3000多年前商朝的文字。因其刻在龟甲、兽骨之上，故称为“甲骨文”。就这样，我们发现了最早的汉字“甲骨文”。1900年，北京被八国联军攻陷，王懿荣和夫人谢氏、长媳张氏壮烈殉国。他所收藏

▲ 甲骨文

的甲骨转入好友刘鹗手中。刘鹗继续搜寻甲骨，以求破译这种文字。

1908年，刘鹗的好友罗振玉在河南安阳小屯村找到了出土甲骨的地方。当地人认为甲骨上的文字是“天书”，它们可以使甲骨拥有神奇的药性，所以多年来将其当作药材。罗振玉由此推断，小屯村附近就是商朝晚期都城殷墟遗址所在地。罗振玉为甲骨文的研究奠定了基础。之后郭沫若等许多学者都在研究甲骨文方面取得了成就，并形成了专门的学科——甲骨学。

殷墟甲骨文是中国出土最早的古典文献遗产。甲骨文的内容丰富，涉及3000年前殷商时期的政治制度、王室结构、社会生活、经济生产等方方面面，具有极高的文物价值、史料价值和学术研究价值。从1899年发现至今，经海内外学者近120年前赴后继的探索，甲骨文中隐含的殷商文化秘密逐渐被揭开，甲骨学已然成为一门举世瞩目的学科。

▲ 甲骨文

甲骨文被誉为中国近代学术史上“四大新发现”之一。2013年，甲骨文首次被编入《国家珍贵古籍名录》。2017年，甲骨文入选《世界记忆名录》，标志着甲骨文的影响力和重要的国际地位。

2. 华夏始祖披荆斩棘、开创文明的故事

1936年，考古学家在浙江省境内发现了距今5300～4300年的良渚古城遗址。2019年，良渚古城遗址被列入《世界遗产名录》，这标志着中国拥有5000年历史的说法得到全世界的认可。

先秦典籍和汉代《史记》中记载了许多关于上古时代华夏先民的传说，讲述了华夏始祖披荆斩棘、创造文明的故事。战国时期的楚人相信，华夏文明源于伏羲、女娲。伏羲、女娲的传说也在中原大地广为流传。相传伏羲为了造福苍生，探索天地四时的运行规律，经过刻苦研究，发明了用于占卜的八卦，以及渔网、乐器。伏羲的传说反映了古人探索自然、利用自然的不懈努力。而有关女娲，人们认为她为了解救人类，用自己的身体填补了天上的大洞。

▲ 古人在树上建造房屋以躲避洪水猛兽

古书中还记载了人类与大自然斗争的故事。古代人类常常遭到洪水灾害、毒蛇猛兽的侵扰。有一位先贤在大树上建造房屋以躲避洪水猛兽，并将此方法教给众人，人们称其为“有巢氏”。后来又有一位先哲发明了钻木取火，并把生火的办法教给了众人，人们尊称其为“燧人氏”。

古人学会建屋、取火后，不断繁衍壮大。有一个部落因为采集种子种植农作物发明了农业，其首领被称为“神农氏”，也被叫作“炎帝”。当时还没有医学，神农氏便立志尝百草治病救人，并记录了各类草药的效力，创立了中医学。后来神农氏在试尝名为“断肠草”的草药时不幸中毒身亡。百姓感其恩德，把他与另外两位圣人（伏羲、燧人）并列，统称为“三皇”。

▲ 古人发明钻木取火

神农氏死后，他的后裔仍以“炎帝”为号，成为黄河中游地区的部落联盟首领，传了很多代。大约在5000年前，一个源于陕西渭水流域的部落进入炎帝领地。其首领轩辕氏（本姓公孙，后改姬姓），也被称为“黄帝”。黄帝部落与炎帝部落发生战争，黄帝在阪泉之战中战胜了炎帝，把本部落与炎帝部落合而为一。黄帝后来又与居住在黄河流域中下游地区以及长江流域一带的蚩尤领导的九黎部落发生战争，在涿鹿经过血战，终于获胜，统一了黄河中下游地区。黄帝创制历法，教导百姓播种五谷，命仓颉创造文字；其妻嫘祖则教会大家养蚕。华夏文明由此得到极大发展；后世敬称其为“中华民族的人文始祖”。黄帝之后，颛顼、帝喾、唐尧、虞舜相继担任中原部落联盟首领。相传这四人都是贤明的君主，后人把他们与黄帝并称“五帝”。

传说中圣人往往具有天下为公、无私奉献的品质，反映了中华文化以自强不息、急公好义、普惠大众为荣的精神特质，值得后人传承发扬。

延伸阅读：新石器时代重要农具与中国原始农业

我国生产多种优质的小米，最著名的当属沁州黄了，但龙山小米也毫不逊色。龙山小米之所以著名，除了和品种有关之外，还和生产技术有关。

1991年春，考古学家在山东的城子崖遗址中挖掘出两件石器：一件是石磨盘，另一件是石磨棒。它们都属于新石器时代比较常见的工具，两种石器合在一起，既能给谷物去壳，还能把谷物碾成粉末，方便快捷。

▲ 古人用石磨棒加工谷物

中国古人用石头制成石磨盘和石磨棒，说明中国的农业文明很早就开始了。中国原始农业呈现出丰富多彩的特征。在原始农业时期，中国的农业由刀耕逐步向锄耕过渡，并进行稻、粟、黍、大豆、茶以及漆树等的种植。

▲ 古人用石磨盘加工谷物

在距今4000多年前，中国人还学会了驯养六畜，即马、牛、羊、鸡、狗、猪。其中，学会驯养家猪的时间距今有8000多年。除此之外，中国人还开始养蚕抽丝。此时的生产工具在材质上以木、石、骨、蚌为主，种类也非常多，有锄、铲、耒、耜等。采集和渔猎并未退出历史舞台，仍然是原始农业中最为重要的一部分。

3. 世界历史名城　千年古都长安

长安是西安的古称，是中国历史上第一座被称为“京”的都城。周文王定都于此，营建丰京。武王即位后再建镐（hào）京，合称丰镐，西安简称“镐”即源于此。西汉初（前 202）置长安县（今为西安市长安区），在秦兴乐宫的基础上兴建长乐宫。汉高祖七年（前 200）营建未央宫，同年国都由栎阳迁移至此，因地处长安乡，故名长安城，取意“长治久安”。

长安是隋唐时期世界最大的城市，也是中国历史上建都朝代最多、建都时间最长、影响最大的都城。长安是丝绸之路的东方起点和隋唐大运河的起点。长安居中国四大古都之首，同时也是与雅典、罗马、开罗并称的世界四大文明古都。长安有 3100 多年建城史和 1100 多年的建都史，历史上周、秦、汉、隋、唐等 13 个朝代都曾建都于此，唐朝鼎盛时期常住人口达 185 万。长安在古代中国作为政治、经济、文化中心长达 1000 多年，被誉为天然历史博物馆，是国际著名旅游城市。

长安向世界展现了文明中国拥有的自信、开放、大气、包

▼长安古城遗址

容、向上的民族精神，铸造了中华民族永远为之自豪的文化高地。长安文化影响极其深远，由于建都长安的周、秦、汉、隋、唐是中国古代极为强盛的黄金时期，因此在唐以后，虽然长安没再定为国都，但“长安”一词却成为国都的别称。今天首都北京最知名、最重要的一条街——长安街，就是以“长安”命名的。

“一座城市的历史就是一个民族的历史。”长安，这座中国历史文化史上的第一“京”，以世代传承的雍容儒雅、大气恢宏，成为中国文化的名片。

延伸阅读：中国古都——城市建筑的名片

随着社会的发展，在我国辽阔的国土上，出现了不少具有相当规模的城市，尤其是历代的都城。这些古都，在建筑规模、建筑模式和建筑风格上，都有其独到之处，往往体现了同时代最高的建筑水平，对全国其他城市有着广泛的影响。因此可以说，各大古都的建筑沿革，就是一部较完整的城市建筑史。

在中国历史的长河中，西安、洛阳、南京、北京、开封、杭州、安阳、郑州、大同、成都这十大古都，曾经是不同朝代的国都。

中国历代都城选址的条件是有充足的水源，以满足生产和生活的用水需要；地区经济繁荣，交通便利，故多位于平原、盆地；具有可防可攻的地理优势，如西安有“四关拱卫，浮渭据泾，金城千里，天府之国”之盛，南京有“龙盘虎踞”之势，洛阳有“山河拱戴，形势甲于天下”之誉，北京有“背山带海”之形等。

我国古代都城建设都有周密的整体规划和施工法度，都具有方正严谨、左右对称、棋盘式布局等特点。帝王深居宫中，远离闹市，幽静、安全，又足以体现帝王之尊严。商业集中，便于贸易。百姓居小巷之内，既安静，又便于治安管理。如北京古城，中心有一条笔直的中轴线，中轴线两侧是规整的对称街区，城中部有紫禁城宫殿群。整个北京犹如一件艺术品，结构严整，层次分明，布局井然，设计匀称；棋盘状街区古朴、完整、协调，还有大量方便舒适的传统住宅四合院与静谧、优美、凝聚着历史文化的胡同。

中国的古都风貌被国际城市建设专家称为“世界奇观”“卓越的纪念物”“伟大文明的顶峰”“地球表面上人类最伟大的个体工程”。如今，这些城市每年都要接待许多来自世界各地的游客，带动了当地旅游业的发展。

4. 中国古代思想家、教育家孔子

孔子（前551—前479），名丘，字仲尼，春秋末期鲁国陬邑（今山东曲阜）人，是中国古代伟大的思想家、教育家，儒家学派创始人。

孔子开创了私人讲学之风，倡导仁、义、礼、智、信。孔子有弟子三千，其中贤人七十二人。他曾带领部分弟子周游列国13年，晚年修订《诗》《书》《礼》《易》《乐》《春秋》，被后世称为“六经”。孔子是当时最博学的人之一。去世后，弟子及再传弟子把他和弟子的言行记录下来，整理编成《论语》。该书被奉为儒家经典。孔子的思想对中国和世界都有深远的影响，被联合国教科文组织评选为“世界十大文化名人”，并名列第一。

孔子创立了以“仁”为核心的学说，他富有同情心，乐于助人，待人真诚、宽厚。

孔子的政治思想核心内容是“礼”与“仁”；在治国方略上，他主张“为政以德”——用道德和礼教来治理国家是最高尚的治国之道。

▲ 孔子

孔子的经济思想核心是“重义轻利”“见利思义”的义利观与“庶、富、教”的“富民”思想。这也是儒家经济思想的主要内容，对后世有较大的影响。

孔子治史的一个重要主张就是“直”，即研究历史要实事求是，不但重视根据，而且要“知之为知之，不知为不知”(《为政》)。相反，“狂而不直，侗而不愿，悾悾而不信”(《泰伯》)，是他所反对的。这种一以贯之的主张，也反映在他的治史中。

孔子的美学思想核心是“美”和“善”的统一，也是形式与内容的统一。孔子提倡“诗教”，即把文学艺术和政治道德结合起来，把文学艺术当作改变社会和政治的手段、陶冶情操的重要方式。孔子认为，“君子”应该在诗、礼、乐等方面都要有一定修养。孔子的美学思想对后世的文艺理论影响巨大。

孔子生前就有人尊其为“圣人”，但被他拒绝。孔子根据人的天赋和学习态度将人分为四种类型：第一类是圣人，生下来不用学习就懂得大道；第二类是通过学习才能明白的人；第三类是遇到困惑时才去学习的人；最后一类则是自暴自弃、不学习的人。孔子说自己属于第二类人，绝对不是生而知之的圣人，只是特别热爱文化并勤勉学习罢了，有时甚至达到废寝忘食的地步，而且乐在其中。

孔子的弟子在编辑《论语》时，将孔子论述学习的话放在第一条——“子曰：学而时习之，不亦说乎？”正是通过锲而不舍的学习，孔子才能从一个破落的贵族后代成为中国古代伟大的思想家、教育家。

延伸阅读：道家学派创始人老子与《道德经》

老子（前580—前500），姓李，名耳，字聃，楚国苦县厉乡曲仁里人。

在我国思想发展史上，孔子和老子是两位具有代表性和开创性的人物，分别作为儒家与道家学派创始人，都生活在春秋末期，同处一个时代。诸多文献和考古资料都证实，孔子曾多次向老子问礼。老子是春秋时期伟大的哲学家和思想家，是世界百位历史名人之一，著有《道德经》。这部作品的精华是朴素的辩证法，主张无为，其学说对中国哲学的发展具有深刻影响。在道教中，老子被尊为始祖，与庄子并称老庄。

▲ 老子

《道德经》又称《道德真经》《老子》《五千言》《老子五千文》，是道家哲学思想的重要来源。《道德经》分上下两篇：上篇《德经》，下篇《道经》，不分章。后改为《道经》在前，37章；第三十八章及之后为《德经》，并分为81章。

《道德经》论述修身、治国、用兵、养生之道，内容涵盖哲学、伦理学、政治学、军事学等诸多学科。文意深奥，包涵广博，被后人奉为治国、齐家、修身、为学的宝典，誉为万经之王。

《道德经》是中国历史上最伟大的著作之一，对传统哲学、科学、政治、宗教等产生了深刻影响。据元朝时期统计，先秦之后，研老注老著作超过3000种，具有代表性的不下1000种，这充分说明《道德经》的巨大影响力。据联合国教科文组织统计，《道德经》是除了《圣经》以外被译成外国文字传播数量最多的名著。

5. 统一六国的秦始皇

秦始皇（前259—前210），姓嬴，名政，秦庄襄王之子，秦孝公之后第六代秦王，秦王朝的建立者，中国历史上第一个统一封建王朝的创立者，故称秦始皇。公元前246—前210年在位。

战国末年，从诸侯割据向全国统一的趋势日益明显。战国七雄中，秦国实力最强，具备了统一东方六国的条件。秦王嬴政即位时年仅13岁，政权旁落在相国吕不韦和太后宠信的宦官嫪毐手中，统一事业没有多大进展。公元前238年他亲政后，平定嫪毐的叛乱，免了吕不韦的相职，任用尉缭、李斯等人，开始部署统一全国的战略和治国策略。

整顿好内政后，嬴政决心兼并六国，实现华夏民族大统一。公元前230年，秦国派内史腾率军攻灭韩国，俘虏韩王安，揭开了灭六国的序幕。此后，秦国相继消灭赵、魏、楚、燕、齐五国，于公元前221年统一了中原，建立了中国历史上第一个中央集权的封建国家——秦朝。

秦灭六国，终结了春秋战国以来诸侯割据、混战的乱世，标志着中国历史上第一个统一的多民族封建帝国的形成。嬴政认为自己的功劳超过了传说中的三皇五帝，便创造了“皇帝”的称号，自称始皇帝，宣布子孙称二世、三世以至万世，代代承袭。随后，他在政治、经济和文化思想方面推行了一系列维护封建统治的措施。为了巩固统一成果，嬴政采纳李斯的建议，废除分封制，改行郡县制。在皇帝的直接控制下，建立自中央至郡县的一整套官僚机构。在经济上，大力推行重农抑商政策，扶植封建土地私有制的发展。秦始皇还健全统一法律制度，加强军队建设，统一文字、货币和度量衡以及道路宽度等。秦始皇的这些措施，确立了此后中国2000余年政治制度的基本模式，也使各地区间的经济、文化交流得以加强。

秦始皇顺应时代潮流结束了长达几百年的群雄割据局面，实现了华夏民族大统一，为中国封建社会的发展做出了开天辟地的贡献。中国古代的经济和文化能够迅速发展，并且在很长一段时间内一直居世界的前列，与秦建立的统一国家及相关制度是分不开的。

▼ 被誉为世界第八大奇迹的秦始皇兵马俑

延伸阅读：中国古代军事防御工程——长城

在我国的地图上可以清楚地看到，万里长城像一条长龙蜿蜒在崇山峻岭之间，十分雄伟。长城又称万里长城，是世界上修建时间最长、工程量最大的古代军事防御工程。长城不是一道简单的城墙，而是以城墙为主体，同大量的城、障、亭、标相结合的防御体系。自西周开始，断续修筑了2000多年，贯通了中国北部和中部的广大地区。

长城修筑的历史最早可以追溯到西周时期，著名的典故“烽火戏诸侯”就发生在镐京（今陕西西安）。春秋战国时期，列国争霸，互相攻伐，长城修筑随之进入第一个高潮，但规模都不大。秦灭六国统一华夏后，秦始皇连接和修缮战国时期的长城，这才有了“万里长城”。明朝是最后一个大修长城的朝代，今天人们所看到的长城多是此时修筑的。

长城遗迹主要分布在河北、北京、天津、山西、陕西、甘肃、内蒙古、黑龙江、吉林、辽宁、山东、河南、青海、宁夏、新疆15个省、自治区、直辖市。其中河北省境内长度为

▼ 长城

2000 多千米，陕西省境内长度为 1838 千米。根据文物和测绘部门的调查，明长城总长度为 8851.8 千米，秦汉及早期长城超过 1 万千米，总长超过 2.1 万千米。

1961 年 3 月 4 日，长城被国务院公布为第一批全国重点文物保护单位。1987 年 12 月，长城被列入世界文化遗产。

万里长城是中国古代劳动人民智慧和力量的结晶，是人类建筑史上的奇迹，更是中华民族的骄傲。1987 年 12 月，长城被列入《世界文化遗产名录》。

6. 伟大的水利工程——京杭大运河

我们的祖先很早就有了利用自然水源修筑人工运河、灌溉农田和进行运输的本领。京杭大运河是世界上开凿最早、里程最长、规模最大的运河，也是最古老的运河之一，与长城、坎儿井并称为中国古代的三项伟大工程，并且使用至今。这是中国古代劳动人民建造的一项伟大的水利建筑工程。大运河南起余杭（今杭州），北到涿郡（今北京），途经今浙江、江苏、山东、河北四省及天津、北京两市，贯通海河、黄河、淮河、长江、钱塘江五大水系，主要水源为“南四湖”（微山湖、昭阳湖、独山湖、南阳湖四个相连湖的总称），全长 1794 千米。运河对中国南北地区之间的经济、文化发展与交流，特别是对沿线地区工农业经济的发展起到了巨大作用。

这条大运河是春秋时期的吴国为伐齐国开凿的，隋代大幅度扩修并贯通至都城洛阳且连涿郡，元代翻修时舍洛阳而直至北京。大运河从开凿到现在已有 2500 多年的历史。2002 年，大运河被纳入“南水北调”东线工程。2014 年 6 月 22 日第 38

▲ 京杭大运河

届世界遗产大会宣布，中国大运河成功入选《世界文化遗产名录》，成为中国第46个世界遗产项目。

2014年9月，通州、武清、香河三地水务部门签订战略合作协议，京杭大运河通州—香河—武清段实现复航。

延伸阅读：两千多年前的超级水利工程——都江堰

都江堰是中国古代最伟大的水利工程，是世界文化遗产项目（2000年被联合国教科文组织列入《世界文化遗产名录》）、世界自然遗产项目以及全国重点文物保护单位、国家级风景名胜区、国家AAAAA级旅游景区。

▲ 都江堰

都江堰位于四川省成都市都江堰市城西，坐落在成都平原西部的岷江上。始建于秦昭王末年（约前256—前251），是蜀郡太守李冰父子在前人鳖灵开凿的基础上主持修建的大型水利工程，由分水鱼嘴、飞沙堰、宝瓶口等部分组成。2000多年来，它一直发挥着防洪灌溉的重要作用，使成都平原成为沃野千里的“天府之国”，如今灌区已达30余县市，面积近千万亩。这是世界上迄今为止年代最久、唯一留存并仍在使用的以无坝引水为特征的宏大水利工程，是中国古代劳动人民勤劳、智慧的结晶。

都江堰风景区主要有伏龙观、二王庙、安澜索桥、玉垒关、离堆公园、玉垒山公园、玉女峰、灵岩寺、普照寺、都江堰水利工程等。

2018 年 8 月 13 日，在加拿大萨斯卡通召开的国际灌排委员会第 69 届国际执行理事会全体会议上，公布了 2018 年（第五批）《世界灌溉工程遗产名录》，其中就有我国的都江堰。

7. 穿越千年的古乐器——战国曾侯乙编钟

战国曾侯乙编钟是战国早期曾国国君的一套大型礼乐重器，国家一级文物，1978 年在湖北随县（今随州市）擂鼓墩曾侯乙墓出土，现藏于湖北省博物馆，为该馆“镇馆之宝”。

战国曾侯乙编钟钟架长 748 厘米、高 265 厘米。全套编钟共 65 件，分三层八组悬挂在呈曲尺形的铜木结构钟架上，最大钟通高 152.3 厘米，重 203.6 千克。它用浑铸、分铸法铸成，采用了铜焊、铸镶、错金等工艺技术，以及圆雕、浮雕、阴刻、髹漆彩绘等装饰技法。每件钟均能奏出呈三度音阶的双音。全套钟 12 个半音齐备，可以旋宫转调。音

▲ 曾侯乙编钟

列是现今通行的C大调，能演奏五声、六声或七声音阶乐曲。

战国曾侯乙编钟的出土改写了世界音乐史，是中国迄今发现数量最多、保存最好、音律最全的一套编钟，代表了中国先秦礼乐文明与青铜器铸造技术的最高成就，在考古学、历史学、音乐学、科技史学等多个领域产生了巨大的影响。2002年1月被国家文物局列入《首批禁止出国（境）展览文物目录》。

延伸阅读：中华陶瓷艺术与青铜器

中国是著名的陶瓷古国，瓷器更是我国伟大的发明创造。

▲ 陶器

陶器，是用泥巴（黏土）捏成形晾干后用火烧出来的。陶器的发明是人类文明的重要进步，是人类第一次利用自然物，按照自己的意志创造出来的一种崭新的器物。从河北省阳原县泥河湾地区发现的旧石器时代晚期的陶片来看，中国陶器的制造距今已有11700年的悠久历史。

陶器是泥与火的结晶。在原始社会的生活中，祖先们发现被水浸湿后的黏土更有黏性和可塑性，晒干后就变得坚硬起来。在元谋人时代，先民们发现晒干的泥巴被火烧之后，变得更加结实、坚硬，而且可以防水，于是陶器就产生了。陶器的发明，揭开了人类利用自然、改造自然、与自然共存的新篇章，具有重大的历史意义，是人类发展史上的一个里程碑。

▲ 瓷器

瓷器是中国古代的伟大发明之一，是中华民族对世界文明的伟大贡献。自唐代开始，中国陶瓷就伴随着驼铃声走向西方世界，自明代以后则从海路运销各国。

中国瓷器是从陶器发展演变而来的，原始瓷器产生于3000多年前。至宋代时，名瓷名窑已遍及大半个中国，是瓷业最为繁荣的时期。汝窑、官窑、哥窑、钧窑和定窑并称为宋代五大名窑；当时比较有名的还有柴窑和建窑。被称为瓷都的江西景德镇在元代出产的青花瓷成为瓷器的代表。青花瓷釉质透明如水，胎体质薄轻巧，洁白的瓷体上绘以蓝色纹饰，素雅清新，充满生机。青花瓷一经出现便成为景德镇的名瓷，与青花瓷并称四大名瓷的有青花玲珑瓷、粉彩瓷和颜色釉瓷。另外，雕塑瓷、薄胎瓷、五彩胎瓷等，均精美绝伦，各有特色。

精美瓷器的制作工艺难度远高于一般瓷器，古代皇室中不乏收藏者。作为奢侈品之一，瓷器通过各种渠道传到其他国家，作为具有收藏价值的古董被收藏家大量收藏。欧美人士在婚礼上，赠送中国产的高级瓷器茶具礼品成为时尚。

青铜器是中国古代灿烂文明的载体之一。它以丰富而奇特的造型、神秘而美丽的装饰、精湛而先进的铸造工艺闻名。

中国青铜器历史悠久，据古文献记载，距今4000—5000年前即相当于尧舜禹时代，我国就已开始冶铸青铜器。在黄河、长江中下游地区的山东龙山文化遗址里，发掘出多件青铜器制品。湖北省大冶市是华夏青铜文化发祥地之一。3000多年前，华夏先民在大冶采矿炼铜，创造了青铜文明。境内铜绿山古铜矿遗址被称为“世界第九大奇迹”。

▲ 后母戊鼎

中国的青铜器不仅数量多，而且

造型多样，主要有炊器、食器、酒器、水器、乐器、车马饰、铜镜、带钩、兵器、工具和度量衡器等。流行于4000年前至秦汉时代，以商周器物最为精美。最初出现的是小型工具或饰物，夏代开始有青铜容器和兵器。青铜器在不同时期呈现出不同的风格，同一时代的同一种青铜器乃至不同地区的青铜器也各有不同，犹如百花齐放，具有很高的观赏价值和收藏价值。

8. 贯通中西的丝绸之路

丝绸之路是汉代开通的一条从中国到西方的交通路线，因大量中国丝和丝织品多经此路西运，故称丝绸之路。在古代，中国是唯一种桑、养蚕、生产丝织品的国家。近年各地考古资料充分证明，商、周至战国时期，我国丝绸锦绣的生产技术已发展到相当高的水平。那个时候，中国的丝绸经西北各民族之手已有少量辗转贩运到中亚、印度。

汉初，河西走廊曾先后为乌孙、月氏、匈奴所据，西域绿洲诸小国亦为匈奴所控制，汉与西方的道路难以畅通。元光二年（前133）以后，汉武帝连年派大军进攻匈奴，巩固西北诸郡边塞，陆续设立酒泉、武威、张掖、敦煌四郡，隔绝了匈奴与羌人的联系；从敦煌到盐泽（今罗布泊）筑造了很多烽燧亭障，以防匈奴南侵。公元前77年，汉军攻克当道的楼兰国，更其国名曰鄯善。公元前60年，汉置西域都护，屯田于乌垒城（今新疆轮台东），以保护西域通道。早自张骞西使与乌孙结盟后，汉使者、商人便接踵西行。至此，丝绸之路日益通畅，大量丝帛锦绣不断西运，同时西域各国的“珍奇异物”也输入中国。王莽当政和后汉时期，西域虽然几度因政局波动与汉廷中断关系，但商业往来并未受很大影响。通过这条丝绸之路，汉与欧、亚、非各国经济、文化的交流达300年，影响十分深远。

▲ 丝绸之路示意图

这条道路虽然主要是商路，但中国和亚欧各国的政治往来、文化交流也都依赖这条通道。通过丝绸之路，中亚和南亚的音乐、舞蹈、绘画、雕塑、建筑等艺术，天文、历算、医药等科技知识以及宗教先后传播到中国；中国的纺织、造纸以及一些工艺技术（如制作金银器、绘画等）则传到了西方。

唐代以后，海运逐渐发达。西北地区政权兴衰更替，这条陆上的通道因重要性与安全保障逐渐降低而趋于衰落。在元代，由于驿路畅通，又曾繁荣一时。

一般认为“丝绸之路”东起长安（今西安），西至地中海以达欧洲。它由东向西可分为三段。

东段自长安至玉门关或阳关。其中在黄河以东的道路，与现在的几条公路干线和铁路线大体相当，线路较多，可称陇西道。在黄河以西则是循今武威、张掖、酒泉以至敦煌的“河西走廊”线，只有一条干道，可称河西道。这条主要道路的南面和西面还有一条线路，即自今成都西北通过今松潘，循积石山北麓到青海，沿柴达木北缘，越阿尔金山进入新疆。这条线路是南北朝时南方通往西域的道路，穿过黄河，经吐谷浑境内，所以称为“吐谷浑道”或“河南道”。

中段从玉门或阳关到葱岭（今帕米尔）。途中有广阔干旱的沙漠和高峻寒冷的雪山阻碍，使之成为线路上的咽喉地段。在汉代分为南北两道：南道指昆仑山北麓与塔克拉玛干大沙漠南沿之间的东西通道。其间主要交通点有今若羌、且末、和阗、莎车。从塔克什库尔干越过帕米尔，可南下至印度，或西行至西亚各国。北道指天山南麓与塔克拉玛干大沙漠北沿之间的通道。经过的主要交通点有楼兰和今焉耆、库车、阿克苏。由此或向西南经喀什西越阿赖山脉进入中亚，或向西北越过天山进入中亚。东汉明帝以后，北匈奴被迫西迁，汉朝开辟了另一条道路，称为新北道，即由敦煌转北经伊吾（今新疆哈密西）西至柳中、高昌壁，至焉耆与原北道合。在隋唐时期，又开辟了从瓜州以北的玉门关经伊州、北庭、轮台（今新疆乌鲁木齐北），越伊犁河至碎叶进入中亚的道路。

西段指葱岭以西，有几条主要通道：一条从帕米尔经瓦罕山谷经阿富汗，向南越过兴都库什山，东南至巴基斯坦和印度；一条越帕米尔经费尔干纳盆地，西行至河中地区，转入伊朗、伊拉克、叙利亚至地中海沿岸，进入欧洲或非洲；一条由中亚西北行，经咸海、里海、黑海以北草原，进入欧洲其他地区。

延伸阅读：行走在“丝绸之路”上的历史名人

张骞

张骞是西汉杰出的外交家、探险家和旅行家，也是丝绸之路的开拓者。

建元二年（前139），张骞奉汉武帝之命，率领100多人第一次出使西域。元朔三年（前126）回到汉朝，前后历时13年。他们不仅要克服陌生而恶劣的自然环境，还要与匈奴人斗智斗勇，凶险无比。归汉时，当初与张骞一同出使西域的100多人，仅剩下张骞和堂邑父二人。

张骞出使西域的影响和历史作用是巨大的——不仅加强了内地与西域地区的联系，也使中国建立了与中亚、西亚的交往通道，打破了秦代以来形成的“闭关锁国”态势。

回长安后，张骞将其见闻向汉武帝做了详细报告，并将东亚、中亚、西亚以至印度诸国的位置、特产、人口、城市、兵力等都做了说明。

这份报告的基本内容被司马迁记录在《史记·大宛列传》中。这是世界上第一次对这些地区进行翔实可靠的记载，是研究上述地区和国家的古代地理和历史方面最珍贵的资料。

张骞出使西域前，世界的东方与西方还彼此隔绝，所以，张骞被梁启超誉为“世界史开幕第一人”。

班超

班超是第二位值得铭记的走过丝绸之路的人，他是东汉时期著名的军事家和外交家。他口齿伶俐，博览群书。父亲是史学家班彪，兄长班固和妹妹班昭也都是著名的史学家。

永平十六年（73），汉明帝派窦固等人出兵攻打北匈奴。班超投笔从戎，以代理司马的身份随窦固北征。班超率兵进攻伊吾和蒲类海，斩获北匈奴兵甚多，很快就展示出了杰出的军事才能。

窦固非常赏识班超的才干，于是派他与从事（古代官职）郭恂一起出使西域。

班超与郭恂来到鄯善国。起初，鄯善国国王对班超等嘘寒问暖，礼敬备至，后来突然改变态度，变得懈怠冷淡。班超推断，鄯善国国王之所以前恭后倨，一定是因为北匈奴也派来了使者。于是，班超召集36个部下，乘夜向北匈奴使团发动攻击，一举将北匈奴使团全部消灭，从而迫使鄯善国国王把王子送到朝廷作为人质，表示愿意归附朝廷。

“三十六人抚西域，六头火炬走匈奴。”这是南宋著名教育家、理学家陈普所写的诗句，说班超以超乎常人的胆识与智慧圆满完成了使命。消息很快传到汉明帝耳里，于是汉明帝下令班超由代理司马转为军司马，并让他继续完成出使的任务。

从此，班超开始为古丝绸之路的畅通保驾护航。

班超在西域29年。到永元十二年（100），在班超的经营下，西域50多个国家都归附了汉王朝。

郑和

郑和是第三位行走过丝绸之路的历史名人。他思维敏捷，有智略，英勇善战，有军事指挥才能，开辟了海上丝绸之路。

从永乐三年（1405）到宣德八年（1433）的28年里，郑和七下西洋，途经占城、爪哇、真腊、旧港、暹罗、古里、满剌加、勃泥、苏门答腊、阿鲁、柯枝、大葛兰、小葛兰、西洋琐里、苏禄等30多个国家和地区，开辟了贯通太平洋西部与印度洋等大洋的直达航线，足迹直达西亚和非洲东岸。

值得一提的是，郑和之行比哥伦布发现美洲新大陆早了87年；比葡萄牙的航海家、探险家达·伽马早了92年；比葡萄牙的航海家、探险家麦哲伦早了114年。他的海航之路，书写了中华民族开放进取、和平友好、交流合作和敢为天下先的光辉业绩，推进了人类文明的进步与发展。

2013年9月7日，习近平主席在哈萨克斯坦首次提出共同建设“丝绸之路经济带”倡议。同年10月3日，他在印度尼西亚提出共建“21世纪海上丝绸之路”倡议。自此，共建“一带一路”这一根植于历史厚土的重要倡议，以创新的方式

▲《郑和下西洋》剧照

掀开了国际合作新篇章。如今，共建“一带一路”倡议已成为当今世界最受欢迎的公共产品。

9. 唐朝——中国历史上最鼎盛的时期

唐朝（618—907）是继隋朝之后的大一统王朝，是公认的中国历史上最强盛的朝代之一。唐太宗继位后开创了“贞观之治”，之后的皇帝励精图治，强大的国力、多元的文化、开放的社会风气，将一个巍峨强盛的大唐帝国展现在世界面前。

在中国的历史上，唐朝是一座绝对令人仰望的高峰之一。在唐玄宗时，唐朝达到鼎盛时期，周边各国都仰慕唐朝的强盛；日本学习大唐，甚至请唐朝的工匠将洛阳城复制到京都，名字也叫洛阳。

▲ 兴盛的唐朝（影视基地照片）

唐朝极盛时，中国版图东起日本海，南据安南，西抵咸海，北逾贝加尔湖。唐朝攻灭东突厥、薛延陀后，唐太宗被各族尊为天可汗，朝贡之国达300余。

唐朝与各国交流学习，经济、科技、社会、文化、艺术呈现出多元化、开放性等特点；诗、书、画、乐等方面涌现出大批名家，如诗仙李白、诗圣杜甫、诗魔白居易，书法家颜真卿，画圣吴道子，音乐家李龟年等。唐朝时期，在朝廷做官的外国人达3000余人。

唐朝在当时声名远播，与亚欧国家均有往来，以至后来海外多称中国人为“唐人”。

延伸阅读：贞观长歌——唐太宗李世民

唐太宗李世民（598—649）是陇西成纪（今甘肃省秦安县）人，唐朝第二位皇帝（627—649年在位），杰出的政治家、战略家、军事家、诗人。

李世民生于贵族世家，18岁随父举兵反隋，统领三军，为唐王朝统一全国立下了头号战功，随后成为唐朝第二代皇帝，史称太宗。

▲ 唐太宗李世民

历经多年战乱，贞观初期的社会民生凋敝，百废待兴。年仅29岁的李世民在政治上具有远见卓识，为国家选择了“偃武修文”的和平建设道路，推行了一系列开明的治国方略。他任人唯能，知人善用，广开言路，招贤纳士，自我克制，虚心纳谏，并采取了以农为本、厉行节约、休养生息、文教复兴、完善科举制度等政策措施，社会出现了安定的局面；同时，大力平定外患，尊重民族风俗，稳固边疆，使得唐朝走上了一条快速发展之路，一幅盛世宏图，展现在中华这块曾经多灾多难的辽阔大地上。唐太宗以过人的领导力，做到了治国与治人的完美结合，在文治武功上均取得了超凡建树。

贞观二十一年（647），唐太宗被周边回纥等政权拥戴为“天可汗”，成为各族的共主和最高首领。各族在回纥以南、突厥以北建立了一条“参天可汗道”，“置六十八驿，各有马及酒肉，以供过使”。从此以后，唐廷以玺书赐西域、北荒之君长，皆称“皇帝天可汗”。

没有大治，就没有唐代的繁荣，也就没有光辉灿烂的唐代文化。李世民开创了中国历史上著名的“贞观之治”。他开疆拓土，设立安西四镇，统治比较稳定，生产得到较快发展，各民族融洽相处，为后来唐朝100多年的盛世奠定了重要基础。

10. 中国传统医学四大经典

中国传统医学经典指的是对古代乃至现代中医有着重要指导作用、具有里程碑意义的四部经典巨著。但究竟是哪四部，尚存争议。学术界一般认为是《黄帝内经》《难经》《伤寒杂病论》《神农本草经》；有部分中医教材认为是《黄帝内经》《伤寒论》《金匮要略》《温病条辨》。目前采用前者为多。

除此之外，对中医有巨大影响的还有明代李时珍的本草学集大成之作《本草纲目》。该书刊行后，很快流传到朝鲜、日本等国，先后被译成日、朝、拉丁、英、法、德、俄等文字。

延伸阅读：古代医学的奠基者——扁鹊

扁鹊（前 401—前 310），姓姬，名越人（今河北沧州市任丘市人）。扁鹊确定了中医学切脉诊断的方法，开启了中医学先河。著名中医典籍《难经》即为扁鹊所著。

▲ 扁鹊

扁鹊是春秋战国时著名的医学家，居中国古代五大医学家之首，对中医药学的发展有着特殊的贡献。他年轻时虚心好学，刻苦钻研医术，把积累的医疗经验用于平民百姓。他周游列国，到各地行医，为民解除痛苦。

扁鹊在青年时曾替贵族管理客馆，结识了名医长桑君，得其真传。他有丰富的医疗实践经验，反对巫术治病。他天资聪颖，善于汲取前代及民间医疗经验，逐步掌握了多种治疗方法，医术达到了炉火纯青的地步。他通过望色、听声，即能知病因所在。因其医术高明，被广大民众尊称为神医，并且借用上古神话中黄帝的神医“扁鹊”的名号来称颂他。

《史记·扁鹊仓公列传》中记下的神医扁鹊的“六不医”原则：“骄恣不论于理，一不治也；轻身重财，二不治也；衣食不能适，三不治也；阴阳并脏气不定，四不治也；形羸不能服药，五不治也；信巫不信医，六不治也。”扁鹊在总结前人医疗经验的基础上总结出望（看气色）、闻（听声音）、问（问病情）、切（按脉搏）的诊断方法。在这四诊法中，扁鹊尤擅长望诊和切诊，技术高超，名闻天下。

扁鹊奠定了中国传统中医学诊断法的基础。他用一生的时间，认真总结前人的经验，结合自己的医疗实践，在诊断、病理、治法上对中医学做出了卓越的贡献，在我国医学史上具有承前启后的重要地位，对我国医学发展有较大影响。因此，医学界把扁鹊尊为我国古代医学的祖师，说他是“中国的医圣”“古代医学的奠基者”。

11. 兵书鼻祖——《孙子兵法》

中国古代兵书琳琅满目，早在西周时期，就产生了《军志》和《军政》两部兵书。可惜这两部兵法今已失传。到了西汉初年，军事家韩信整理天下存世兵书，共搜集到182种，足见古代兵书数量之多。

在漫长的历史岁月中，大多数兵书都已失传，流传下来的兵书中最著名的非《孙子兵法》莫属。

《孙子兵法》是中国现存最早的兵书，也是世界上最早的军事著作，被誉为“兵学圣典”。全书有6000字左右，一共13篇。作者为春秋时期伟大的军事家孙武。

《孙子兵法》一书分为始计篇、作战篇、谋攻篇、军形篇、兵势篇、虚实篇、军争篇、九变篇、行军篇、地形篇、九地篇、火攻篇、用间篇。汉代版《孙子兵法》竹简1972年出土于临沂银雀山汉墓中。

《孙子兵法》是中国军事文化遗产的璀璨瑰宝，也是几千年华夏文明的结晶。它是中国古代最伟大的军事理论著作，也是中国古籍在世界影响最大、最广泛的著作之一。《孙子兵法》被誉为“前孙子者，孙子不遗；后孙子者，不遗孙子”。它所阐述的谋略思想和哲学思想，被广泛地运用于军事、政治、经济等各领域中。其内容博大精深，思想深邃富赡，逻辑缜密严谨。

《孙子兵法》中包含丰富的辩证法思想，书中探讨了与战争有关的一系列矛盾的对立和转化，如敌我、主客、众寡、强弱、攻守、胜败、利害等。《孙子兵法》正是在研究这种种矛盾及其转化条件的基础上，提出战略和战术的。其中体现的辩证思想，在中国辩证思维发展史中占有重要地位。《孙子兵法》集“韬略”“诡道”之大成，被历代军事家广为援用，其缜密的军事、哲学思想体系，深远的哲理，变化无穷的战略战术，常读常新的内涵，在世界军事思想界拥有广泛的影响，享有极高的声誉。

该书被翻译成英、俄、德、日等20种文字，全世界有数千种《孙子兵法》的版本，不少国家的军校把它列为教材。

延伸阅读：中国古代第一部军事教科书——《武经七书》

《武经七书》是北宋朝廷作为官书颁行的兵法丛书，是中国古代第一部军事教科书。它由《孙子兵法》《吴子兵法》《六韬》《司马法》《三略》《尉缭子》《李卫公问对》七部著名兵书汇编而成。宋代以来一直作为武学必读的《武经七书》，集中了古代中国军事著作的精华。注重军事史学也是中国文化史的一个突出的特点。

《武经七书》基本包括了北宋以前我国古代军事著作的代表作。它阐述了一系列军事战略思想和战术原则，凝聚了中国古代对战争认识的精华。不论在军事理论上，还是在战争实践中，它都对后世乃至世界产生了深远的影响。本丛书的汇编，是北宋在军事理论建设中的一大贡献。它不仅是中华民族的精神财富，也是世界人民共同的精神财富。它奠定了中国古代军事学的基础，对中国和世界的军事科学也产生了积极作用。

12. 人类文明史上杰出的四大发明

2007 年，英国《独立报》评出了改变世界的 101 个发明。中国的四大发明——造纸术、印刷术、指南针、火药及另一发明算盘赫然在列。这里着重介绍中国人类文明史上杰出的四大发明。

造纸术

▲ 古代造的纸

西汉初年我国发明了造纸术。1986 年，甘肃天水放马滩出土的汉景帝时期的纸，是迄今所知最早的纸。公元 105 年，东汉蔡伦改进了造纸术，称"蔡侯纸"。造纸术是书写材料的一次伟大革命。

印刷术

▲ 古代活字印模

隋唐时期出现了雕版印刷。公元 868 年印制的《金刚经》是世界上现存最早的雕版印刷品。11 世纪初，北宋平民毕昇发明活字印刷术，比欧洲早 4 个多世纪，并东传朝鲜、日本，西传埃及、欧洲。印刷术的发明，为人类文化的传播和保存做出了重大贡献。

火药

▲ 古代火药

我国古代发明了火药，唐朝中期的书籍记载了它的制作方法。唐末将其运用于军事。南宋时发明的“突火枪”，13 世纪传到阿拉伯地区和欧洲。火药的发明和传播，改变了中世纪的战争模式，是军事上划时代的一件大事。

指南针

战国时期创制出指示方向的仪器“司南”，后来用磁石的指南原理制成指南针。北宋时期指南针用于航海。13 世纪传至阿拉伯地区和欧洲，并为欧洲航海家探索新航路提供了重要工具。

▲ 指南针

延伸阅读：中国古代科技奇迹

中华民族创造了灿烂的古代文明，众多杰出的科技发明在人类文明长河中熠熠生辉。早在文艺复兴时期，意大利人卡丹就认为中国人的磁罗盘、印刷术和火药是“整个古代无法与之相比的三大发明”，其后这一说法又因培根和马克思的强调而影响巨大。加上造纸术出现后，“四大发明”的提法在全世界广为传播。

然而，“四大发明”远不能全面概括我国古代的伟大创造。随着学界对世界文明史的不断认识，人们正在对中国人的创造力做出新的考量。

中国古代有很多重要科技发明创造。在中国科学院的专家看来，古代中国给世界科技发展的贡献远不止“四大发明”。

中国科学院自然科学史研究所的“中国古代重要科技发明创造”研究组，汇聚百余名中外专家，历时三年推选出古代科学发现与创造、技术发明、工程成多达 88 项。

科学发现与创造 30 项：

干支
阴阳合历
圭表
十进位值制与算筹记数
小孔成像
杂种优势利用
盈不足术
二十四节气
经脉学说
四诊法
马王堆地图
勾股容圆
线性方程组及解法
本草学
天象记录
方剂学
制图六体
律管管口校正
敦煌星图
潮汐表
中国珠算
增乘开方法

垛积术
天元术
一次同余方程组解法
法医学体系
四元术
十二等程律
《本草纲目》分类体系
系统的岩溶地貌考察

技术发明 45 项：

水稻栽培
猪的驯化
含酒精饮品的酿造
髹漆
粟的栽培
琢玉
养蚕
缫丝
大豆栽培
块范法
竹子的栽培与综合利用
茶树栽培
柑橘栽培
以生铁为本的钢铁冶炼技术
分行栽培（垄作法）
青铜弩机
叠铸法
多熟种植
针灸
造纸术
胸带式系驾法
温室栽培
提花机
指南车
水碓
新莽铜卡尺
扇车
地动仪
翻车（龙骨车）
水排
瓷器
马镫
雕版印刷术
转轴舵
水密舱壁
火药
罗盘（指南针）
顿钻（井盐深钻及汲制技艺）
活字印刷术
水运仪象台
双作用活塞式风箱
大风车
火箭
火铳
人痘接种术

工程技术 13 项：

曾侯乙编钟
都江堰
长城
灵渠
秦始皇陵铜车马
安济桥
大运河
布达拉宫
苏州园林
沧州铁狮子
应县木塔
紫禁城
郑和航海

中国科学院自然科学史研究所专家认为，以上推选标准主要有三项：突出原创性、反映古代科技发展的先进水平、对世界文明有重要影响。

13. 历史悠久的舞台艺术

中国戏剧（含戏曲）、曲艺、音乐、舞蹈、中国功夫等都是历史悠久的舞台艺术。其中各民族地区的戏曲剧种多达 360 种，以京剧、越剧、黄梅戏、评剧、豫剧影响最大，被称为“五大戏曲剧种”。

京剧被誉为我国的“国粹”，2010 年被列入“世界非物质文化遗产代表作名录”。京剧的形成和发展有一个里程碑事件，那就是徽班进京。乾隆五十五年（1790 年），以三庆、四喜、春台、和春为代表的四大徽班进北京，吸纳融合不同曲种之长进行再创作，接受昆曲、秦腔的部分剧目、曲调和表演方法，将二黄、昆曲、吹腔等多姿多态的声腔汇聚一堂，创作了大量通俗精彩的优秀剧目，通过不断的交流、融合，最终形成京剧。北京前门外大栅栏每一条胡同都见证着 230 年来京剧的诞生和兴盛。大栅栏不仅是戏班剧社的云集之地，也是早期京剧名家的聚居区，更是培养后继人才的科班、戏园的聚集之地。从清末到民国，在大栅栏这片沃土上，诸多梨园世家人才辈出，流派纷呈，为京剧事业的繁荣与发展作出了重大贡献。

越剧是我国第二大剧种，主要流行于上海、江苏、浙江、福建、江西、安徽等地。越剧长于抒情，在发展过程中汲取了昆曲、话剧、绍剧等特色剧种的表演艺术，题材多以“才子佳人”为主。

黄梅戏发源于湖北黄梅县，传入安徽省后，得到极大发展，成为安徽省主要地方戏曲剧种，其中经典曲目《天仙配》享誉海内外。2006 年，黄梅戏被列入首批“国家级非物质文化遗产名录”。

评剧是流传于中国北方的一个剧种，是在河北滦县一带的小曲“对口莲花落”基础上形成的，时间大约在清末。评剧先是在河北农村流行，后进入唐山，称“唐山落子”。20 世纪 30 年代以后，评剧表演在京剧、河北梆子等剧种影响下日趋成

▼ 京剧剧照

熟。“评剧”意思是“以评论社会，评书说唱为重”。2006年，评剧被列入首批“国家级非物质文化遗产名录”。

豫剧是河南地方戏曲，旧称河南梆子，形成于明朝中后期。豫剧是在河南梆子的基础上发展而来的。在唱法上又分为豫东调、豫西调和沙河调。豫剧的影响范围不仅限于河南省，在周边诸省亦有很大影响。

中国舞台艺术不但历史悠久，而且种类繁多。早在元朝，杂剧已非常流行。关汉卿（1234—1307）是当时最享盛名的杂剧作家，一生写了60多部杂剧，代表作是《窦娥冤》，与《牡丹亭》《西厢记》《长生殿》合称为中国四大古典戏曲。

延伸阅读：梅兰芳与京剧《贵妃醉酒》

《贵妃醉酒》是素有“伶界大王”“四大名旦之首”的京剧表演艺术家梅兰芳的代表作之一，也是梅派经典代表剧目之一，是最能体现京剧艺术综合之美的作品。这折戏不仅在国内享有盛名，在国际上也享有美誉。

《贵妃醉酒》又名《百花亭》，是京剧传统剧目。讲的是杨贵妃约唐明皇赴百花亭饮宴，但唐明皇迟迟不到。杨贵妃得知皇帝已转驾西宫，既失望又愤怒，遂饮酒消怨，以至大醉，怅然返宫。梅兰芳为了从京剧老艺人路三宝那里学习《贵妃醉酒》这出戏，不惜送上300大洋的学费，这在当时是一笔巨款。

在掌握了这出戏后，梅兰芳先生进行改造，抛弃其糟粕，使之焕发出新的艺术活力。在改造的过程中，放弃了模仿女人小脚的“踩跷”，而尽可能保存了衔杯、卧鱼、云步、醉步等“京剧技术”，并融会花旦、刀马旦等行当的表演技术，创立了“花衫”这个新行当，同时注入适应时代潮流的“京剧思想”。

1914年梅兰芳的《贵妃醉酒》首演，大受好评。此戏是梅兰芳推进京剧改革创新的尝试。此后46年间，梅兰芳演出《贵妃醉酒》数百场，并边演边改，不断完善，精益求精，写下了京剧发展史上辉煌的一页，是世界戏剧史上的一枝奇葩。

梅兰芳的《贵妃醉酒》也成了诸家《贵妃醉酒》中最经典的版本。1955年，梅兰芳拍摄了京剧电影《贵妃醉酒》，进一步弘扬了国粹艺术。

14. 中国古代重大文化工程——《四库全书》与《永乐大典》

《四库全书》与《永乐大典》是古代重大文化工程，为保护和传承传统文化发挥了积极作用，二者均为我国历史文化遗产中的珍品与瑰宝。

《四库全书》是清代乾隆时期编修的一部大型丛书。在乾隆的主持下，由纪昀等360多位高官、学者编撰，3800多人抄写，收入古代流传下来的3462种图书，按照经、史、子、集分为四大类，故称“四库全书”。

《四库全书》历时19年完成，共有79338卷、3.6万余册，

▼ 四库全书

约8亿字。《四库全书》修成后，共抄写了7部。先抄好的4部分别收藏于紫禁城中的文渊阁、盛京（今沈阳市）宫中的文溯阁、圆明园的文源阁、承德避暑山庄的文津阁，这就是所谓“北四阁”。后抄好的3部分别收藏在扬州的文汇阁、镇江的文宗阁、杭州的文澜阁，即所谓“南三阁”。由于近代战乱，完整保存下来的仅有3部，即文渊阁、文溯阁、文津阁所藏版本。

《四库全书》是中国古代最大的一部丛书，也是对中国古典文化所做的一次全面总结。文、史、哲、理、工、农、医，中国几乎所有的学科都能够从中找到源头和血脉。

《永乐大典》是明成祖朱棣敕令编纂的大型类书。编纂工作始于明代永乐元年即公元1403年，历时6年完成。全书22877卷（目录60卷，共计22937卷），11095册，3.7亿字，2169人参与编写，共辑录收存了14世纪以前中国历史地理、文学艺术、哲学宗教和其他方面的典籍文献近8000种。经历几百年的风雨，现存400余册，流散于世界各地。

《永乐大典》与《四库全书》都是中国历史上无与伦比的重要文献，显示了中国古代科学文化的光辉成就。

延伸阅读：我国古典文学的精粹——唐诗宋词元曲

唐诗是诗歌的经典，著名的诗人有李白、杜甫、白居易、王维等。宋词元曲是我国古典文学的精粹之一，是民族文化的瑰宝，代表人物有李清照、苏轼、辛弃疾、关汉卿、马致远等。很多名词、名曲已经深入人心，百姓耳熟能详，渗透在我们的日常生活中。在倡导弘扬民族文化、加大国学传承力度的今天，青少年应多学习古典文学的精品，进而领略中华传统文化的博大精深。

唐诗

春望

〔唐〕杜甫

国破山河在，城春草木深。
感时花溅泪，恨别鸟惊心。
烽火连三月，家书抵万金。
白头搔更短，浑欲不胜簪。

宋词

念奴娇·赤壁怀古

〔宋〕苏轼

大江东去，浪淘尽，千古风流人物。
故垒西边，人道是，三国周郎赤壁。
乱石穿空，惊涛拍岸，卷起千堆雪。
江山如画，一时多少豪杰。
遥想公瑾当年，小乔初嫁了，雄姿英发。
羽扇纶巾，谈笑间，樯橹灰飞烟灭。
故国神游，多情应笑我，早生华发。
人生如梦，一尊还酹（lèi）江月。

15. 儒家经典“四书五经”

过去人们常说，一个人博学，必定饱读“四书五经”。

古人所说的“四书五经”指的是九部儒家经典。“四书”是《论语》《大学》《中庸》《孟子》；“五经”是《诗》

▲ 四书五经

《书》《礼》《易》《春秋》。

春秋末年，儒学创始人孔子亲自整理了六部经典，即《诗》《书》《礼》《易》《乐》《春秋》。《诗》即《诗经》，是一部先秦诗歌集，收录诗歌305首。《书》即《尚书》，是一部史书，记录了上古三代的部分历史文献和事迹。《礼》即《周礼》，是儒家经典，记载了周朝的礼法。《易》即《周易》，是阐述天地世间万象变化的一部书。《乐》也叫《乐经》，是讲述乐理的书。《春秋》则是孔子家乡鲁国的编年史。这六部书囊括了孔子的哲学思想和政治主张，因而受到后世儒家学者的尊崇。300年后，秦始皇焚书坑儒，加上秦末天下大乱，许多先秦典籍惨遭毁灭。《乐》就在这一时期失传，“六经”只剩下“五经”。西汉初年，汉朝政府多次从民间搜集图书，保存了“五经”等儒家经典。汉武帝独尊儒家学说，专门设置了“五经博士”这个官职，以讲授、传播儒家学说，“五经”的说法由此开始。儒家思想也成了此后2000年间中国官方的统治学说。

除了“五经”以外，儒家还有许多经典。唐代把《周礼》《仪礼》《公羊传》《穀梁传》《孝经》《论语》《尔雅》与“五经”并列，称为“十二经”。宋朝人又把《孟子》一书加入其中，称“十三经”。

“十三经”中，《论语》是孔子及其弟子的言行记录集，《孟子》是亚圣孟子及其门人的著作。这两本书是孔孟思想的直接承载者，因此，为宋人所推崇。南宋时，儒学大师朱熹从《礼记》中抽出《大学》《中庸》两篇，与《论语》《孟子》并列称为“四书”。“四书”的说法由此而来。

“四书五经”详细记载了中华民族思想文化发展史上最活跃时期的政治、军事、外交、文化等方面的史实资料，以及影响中国几千年的孔孟思想。时至今日，“四书五经”所载内容及哲学思想对我们现代人具有积极意义和极强的参考价值。

延伸阅读：中国历史典籍“二十四史”与《资治通鉴》

中国古人十分重视历史，将其作为治理天下的主要参考。因此，早在先秦时代，统治者就设置史官来记录历史。进入封建社会，更是形成了“易代修史”的传统，即每个王朝都要为前一个朝代编修历史，以此作为总结历史经验，进行政治宣传、教化的手段。

到了清代，乾隆皇帝从历代编修的纪传体史书中挑选了24部，钦定为“正史”，此即“二十四史”。它们是《史记》《汉书》《后汉书》《三国志》《晋书》《宋书》《南齐书》《梁书》《陈书》《魏书》《北齐书》《周书》《隋书》《北史》《南史》《旧唐书》《新唐书》《旧五代史》《新五代史》《宋史》《辽史》《金史》《元史》《明史》。二十四史共有3217卷、4700多万字，记录了从传说中的黄帝时代到明朝灭亡4000多年的历史；内容涵盖我国古代政治、经济、军事、思想、文化、天文、地理等各方面，是一部卷帙浩繁的中国历史总汇。如此长时间跨度的、系统完备的历史记录，举世罕见。

《资治通鉴》是北宋著名历史学家司马光主编的一部多卷本编年体史书，历时19年完成。主要以时间为纲、事件为目，从周威烈王二十三年（前403）写到五代后周世宗显德六年（959）16朝1362年的历史。

《资治通鉴》全书294卷，300多万字，另有《考异》《目录》各30卷。

《资治通鉴》全书按朝代分为16纪，即《周纪》5卷、《秦纪》3卷、《汉纪》60卷、《魏纪》10卷、《晋纪》40卷、《宋纪》16卷、《齐纪》10卷、《梁纪》22卷、《陈纪》10卷、《隋纪》8卷、《唐纪》81卷、《后梁纪》6卷、《后唐纪》8卷、《后晋纪》6卷、《后汉纪》4卷、《后周纪》5卷。

《资治通鉴》的内容以政治、军事和民族关系为主，兼及经济、文化和历史人物评价，目的是通过对事关国家盛衰、民族兴亡的评述警示后人。

宋神宗认为该书"鉴于往事，有资于治道"，因而钦赐书名《资治通鉴》。该书体现了史家治史资政意识的增强，也体现了封建帝王利用史学为政治服务意识的增强。

《资治通鉴》是一部编年体通史（《史记》为第一部纪传体通史，《春秋》为现存最早的编年体史书），按时间先后叙述史事，说明其前因后果，使人得到系统而明晰的印象；展示历代君臣治乱、成败、安危之迹，作为借鉴。

16. 在世界园林史上独树一帜的中国园林

世界上的园林可分为三个系统——中国园林、欧洲园林、西亚园林。我国园林有着悠久的历史，它那"虽由人作，宛自天开"的艺术原则，那熔传统建筑、文学、书画、雕刻和工艺等艺术于一炉的综合特性，在世界园林史上独树一帜，享有很高地位。

我国历史上出现过许多设计精巧的园林，最著名的要数清代的圆明园。据史书记载，圆明园历经康熙、雍正、乾隆、嘉庆、道光五个王朝才宣告完成。圆明园集中西建筑艺术精华于一身，所以又被称为“万园之园”。但令人痛心的是，1860年10月，英法联军入侵北京，一把大火把它烧为灰烬。

早在隋唐时期，我国园林艺术已发展到一个高峰，不仅建设了很多皇家园林，还出现了庐山草堂、辋川别业这样的私家园林。前者是唐朝著名诗人白居易在庐山修建的，汇聚了庐山的天地精华；后者是唐朝著名诗人王维修建的，他有一首诗就是专门描写这处园林的，后四句是“优娄比丘经论学，伛偻丈人乡里贤。披衣倒屣且相见，相欢语笑衡门前”。

随着岁月的流逝，许多园林都消失了，我们今天看到的大部分是明清时期建设的园林，比如，妇孺皆知的苏州园林。苏州园林中最著名的是拙政园。拙政园的第一代主人是明朝的一位御史。后来几经变迁，留存至今的大多是太平天国时期忠王李秀成修缮和扩建的。拙政园充分体现了江南水乡的特色，将人工建筑与自然景观巧妙地结合在一起，形成了一种独特的建筑风格。

▼ 园林一角

和拙政园齐名的是留园。留园的主人也是明朝的一位官员。别看留园很小，可它的风光独具特色，不仅有山水，还有田园，更有亭台楼阁，给人一种身处其中流连忘返的体验。此外，还有沧浪亭，亭中的对联——“清风明月本无价，近水远山皆有情”，一语道破江南园林的内涵。与江南园林不同，北方的园林多体现出皇家的气度——宏大雄伟、雍容华贵，宫殿与园林完美结合。

▲ 园林一角

延伸阅读：世界五大宫之首——北京故宫

北京故宫是明清两代的皇家宫殿，旧称紫禁城，位于北京中轴线的中心，是中国古代宫廷建筑的经典。北京故宫以三大殿为中心，占地面积 72 公顷，建筑面积约 15 万平方米，有大小宫殿 70 多座，房屋 9000 余间，是世界上现存规模最大、保存最为完整的以木质结构为主的古建筑之一。

北京故宫于明成祖永乐四年（1406）开始建设，以南京故宫为蓝本，到永乐十八年（1420）建成。它是一座长方形城池，南北长 961 米，东西宽 753 米，四面围有高 10 米的城墙，城外有宽 52 米的护城河。故宫内的建筑分为外朝和内廷两部分。外朝的中心为太和殿、中和殿、保和殿，统称三大殿，是举行重大典礼的地方。内廷的中心是乾清宫、交泰殿、坤宁宫，统称后三宫，是皇帝和皇后居住的正宫。

北京故宫位居世界五大宫之首（法国凡尔赛宫、英国白金汉

▲ 北京故宫全貌

宫、美国白宫、俄罗斯克里姆林宫），是国家 AAAAA 级旅游景区，1961 年被列为第一批全国重点文物保护单位，1987 年被收入《世界文化遗产名录》。

故宫有别于现代建筑。就类型而言，有用于居住的，如宫殿、土楼、四合院；有供休憩的，如亭台楼阁；有供观赏的，比如假山；有供祭祀和祈福的，比如各种庙宇；有用于交通的，比如各种桥梁等；有用于军事的，比如城墙；有用于生产的，比如各种水利工程。另外，古建筑的形式也多种多样。就拿屋顶来说，有悬山顶、硬山顶、庑殿顶、歇山顶、攒尖顶等。就古建筑的技法来说，多采用榫卯、斗拱、抬梁、穿斗等方式来连接。古建筑的思想——注重实用的同时，不忽略对美的追求，强调天人合一，追求与时俱进。

▲ 北京故宫一角

17. 中国古代文人的琴棋书画诗酒茶

中国古代文人一个最大的特点，就是在主业之外，热衷于琴棋书画诗酒茶。这七种本领，可用于谋生，更是精神生活的重要寄托。

先说琴。一首由古琴演奏的《高山流水》，因一个故事被世人广为流传。相传先秦的琴师俞伯牙一次在荒山野岭弹琴，遇到樵夫钟子期，竟能领会琴音的意蕴。

俞伯牙是楚国的著名音乐家，从小非常聪明，天赋极高，很喜欢音乐，他拜当时很有名气的琴师成连为老师。

俞伯牙三年学成，为追求更高的技艺，开始游历四方，寻访名家，苦练琴艺，琴技日益精妙。一日在林中即兴弹奏，钟子期听了立刻心生共鸣。伯牙鼓琴，意在高山，钟子期曰："善哉，峨峨兮若泰山！"意在流水，钟子期曰："善哉，洋洋兮若江河！"伯牙所念，钟子期必得之。此后，两人因琴结缘，结拜为生死之交。并约定，在俞伯牙周游结束后去拜访子期。等到两人约定会面的日子，却阴阳两隔——钟子期已故去，伯牙悲痛欲绝，在知己墓前弹奏了最后一曲，将珍爱一生的琴砸碎于墓前，终生不再弹琴。这就是"伯牙绝弦"的故事。

再来说棋。围棋是我国传统棋类之一，古代称作"弈"，与我国古代另一种游戏"博"并称为"博弈"。围棋相传起源于尧、舜时代，盛于六朝。春秋末期，围棋已经在贵族阶层相当流行了。唐、宋、元、明时期高手辈出，到了清朝尤盛。围棋迄今为止已有2500多年的历史。中国象棋也具有悠久的历史。战国时期已经有了关于象棋的记载，如《楚辞·招魂篇》:“蓖蔽象棋，有六簙些；分曹并进，遒相迫些；成枭而牟，呼五白些。”《说苑》:“足下千乘之君也……燕则斗象棋而舞郑女。”由此可见，在战国时代，象棋已在贵族阶层中流行了。早期的象棋是模拟战斗的一种游戏，棋子用象牙雕刻而成。

书和画就更不用说了。中国历史上的著名文人，大多是书画大家，像苏轼、黄庭坚、唐伯虎、徐文长等，还有近现代的李叔同、苏曼殊、启功等。徐文长曾自称“书法第一，诗第二，文第三，画第四”。我们知道，王维是诗中有画、画中有诗，徐文长则书中有画、画中有书。

诗也是中国文人生活的重要部分。诗能给人带来精神的慰藉。我们常说，要诗意地活着，就是诗给我们的最大启示。中国历史上著名诗人杜甫、李白、屈原、苏轼、陶渊明、王维、白居易、曹植、辛弃疾、李商隐等都喜欢饮酒。文人离不开诗，也离不开酒，酒能激发人的灵感。比如，李白经常醉中写诗。在陕西眉县曾出土6000多年前的陶质酒具。从饮酒、制曲酿酒到有了专用酒具，要经历较长时间，所以说中国酿造谷物酒的历史不会少于7000年。

最后就是茶。唐代文人卢仝写过一首《七碗茶》的长诗：“一碗喉吻润，二碗破孤闷，三碗搜枯肠……”中国茶道奠基人、唐代陆羽著的《茶经》是我国乃至世界现存最早、最完整、最全面介绍茶的专著，被誉为茶叶的百科全书。

延伸阅读：传世名画——《清明上河图》

中国的绘画，可以说是独具特色、光彩夺目。例如，广为人知的《清明上河图》，是中国十大传世名画之一，是北宋画家张择端仅见的存世精品，属国宝级文物，现藏于北京故宫博物院。清明即清明节，上河即开封城的汴河。

相传，张择端年轻的时候穷困潦倒，为了生存，不得不栖居大相国寺，以画画为生。有一天，宋徽宗来大相国寺游玩，听说此地有位画师，就派人找到了他。宋徽宗在写诗作画上是绝世高手，听说张择端能在一幅画中把整个东京城的风景全部收进去，就下令让他画一幅这样的画。

张择端很有信心，对皇帝说，画这样一幅画没什么问题，但不能在皇宫中画，要在安静的农舍中画。春去秋来，寒来暑往，张择端聚精会神、拼尽全力，终于画成了这幅《清明上河图》。该画长 528.7 厘米、宽 24.8 厘米。画家以长卷的形式，采取散点透视法，即站在多个焦点上进行透视，生动描绘了 12 世纪开封城的城市面貌、民风民俗和各色人等的生存状况，展示了开封城的生活全景。

整幅画大致可分成三个部分：郊外、汴河附近以及城内。先看郊外，我们能看到一支骆驼队正从远处缓缓走来。然后是一片小树林，中间有几户人家。此外，还有娶亲的队伍，缓慢地移动着。再来看汴河。汴河是北宋时期的交通枢纽，往来从商的人很多。我们能看到码头上繁忙的场景。还能看到一座很大的桥，那就是虹桥。据说，当初修建虹桥时，没用钉子，而

▼ 清明上河图（局部）

且技艺非常精湛。第三部分是城内。以城楼为中心，两旁的店铺非常多，既有算命摊位、酒店和肉铺，还有说评书的、理发的。当时人们乘坐的交通工具也是各色各样的，有轿子、骆驼、牛车、人力车以及太平车等。值得一提的是，画面中人来人往、络绎不绝，展现了一个大都市的繁华。

张择端把画呈上去，宋徽宗龙颜大悦，亲自题写了“清明上河图”五个大字。就这样，由于皇帝的推荐，加之张择端高超的艺术水平，《清明上河图》顺理成章地成为流传至今的国宝。

18. 清朝第四位皇帝——康熙

爱新觉罗·玄烨（1654—1722），清朝第四位皇帝，清定都北京后第二位皇帝（1661—1722 年在位），年号康熙。顺治帝第三子，母亲为孝康章皇后佟佳氏。蒙古人称他为恩赫阿木古朗汗或阿木古朗汗（蒙古语“平和宁静”之意，为汉语“康熙”的意译），西藏人尊称其为“文殊皇帝”。康熙帝 8 岁登基，14 岁亲政，在位 61 年，是中国历史上在位时间最长的皇帝。

继位初期，康熙面临巨大危机。一是中央与地方及民族分裂势力之间的矛盾，如三藩割据西南，郑氏割据台湾，漠西蒙古准噶尔部在西北叛乱。二是中华民族与外来侵略势力之间的矛盾，如沙俄入侵我国东北的黑龙江流域。三是民族之间的矛盾，满汉民族矛盾尚未平复，与蒙、藏之间的关系需要弥合等。这是对年轻皇帝极大考验的多事之秋。

16 岁的康熙帝在铲除权臣鳌拜后，首先是铲平“三藩”之乱。清军占领北京后，清军论功封赏，封明降将吴三桂等三人为王，合称“三藩”。1673 年，为了国家统一，康熙帝决定“撤藩”，导致“三藩”之乱。康熙亲自指挥平叛，大胆起用汉将、重用绿营，从1673年到1681年历时8年终于平定“三藩”之乱。

“三藩”之乱，殃及十省，使刚刚恢复的社会经济惨遭破坏。康熙帝注重缓和满汉民族矛盾，尊重各民族文化传统，崇尚儒学，尊奉孔子（亲书“万世师表”），并恢复开科取士、延揽汉族文士，既缓和了阶级、民族矛盾，又加快了满族文化的发展。

继而在内蒙古设立“木兰围场”，作为围猎、避暑、练兵、处理民族事务的特殊场所，从而稳固了北边大局。

接着全力解决台湾问题。康熙帝收复台湾时，他亲政已经16年。经过8年平定地方割据势力“三藩”的磨炼，他更加成熟，更加坚定，也更加睿智。康熙帝的人格魅力和智慧韬略，在收复台湾过程中，得到淋漓尽致的发挥，可称为三个“善”：一是善抓时机；二是善于用人；三是善定制度。

1642年，郑成功从荷兰人手里收复台湾，是有历史功绩的，但清王朝统一大陆后，其子郑经坚持地方割据。这时清政府还没有武力收复台湾的实力，就先后同郑经进行了11次谈判，也曾经采用经济封锁手段促其回归，但都未能如愿。随着“三藩”之乱的平定，清政府改变策略，以武促统，以战逼和：命施琅统兵进攻澎湖，一举攻占了澎湖列岛，歼灭了郑经的军事力量；进而展开政治攻势，促使郑经集团接受招抚，最终实现了台湾的收复大业。后清廷采用施琅的建策，在台湾设县、府、巡道，派军驻守，加强统治。此举结束了郑氏家族20余年的偏安局面，使台湾回到祖国大陆的怀抱。

康熙于1673—1681年平定“三藩”之乱，1681—1684年收复台湾，1685—1689年反击沙俄侵略（雅克萨之战和签订《尼布楚条约》），1690—1696年平定准噶尔部叛乱，步步为营，稳扎稳打。开疆拓土，维护祖国统一，加强民族团结与反对外来侵略相结合，从而巩固了清朝的统治，维护了祖国领土和主权的完整，巩固了空前统一的多民族国家，使清朝康熙时期成为现代中国版图最终奠定的时代。

康熙一生勤奋勉力，在政治上和经济上都有重大建树，对中国的发展做出了贡献。

延伸阅读：中国历史上最后一个封建王朝

清朝（1636—1912）是中国历史上最后一个封建王朝。

1616年，建州女真首领努尔哈赤建立后金。1636年，皇太极改国号为大清。1644年，驻守山海关的明将吴三桂降清，多尔衮率领清兵入关，至1659年平定大顺、大西、南明等政权。后又平定三藩之乱、收复台湾，完成全国统一。康熙、雍正、乾隆时期是大清的鼎盛期。在此期间，传统封建社会取得了前所未有的成就。清初人口增加，土地增垦，物产盈丰，边境无事，社会生活繁荣稳定，综合国力远胜于汉唐。

▲ 康熙

其间，中国封建社会以来的专制也走向顶峰。清朝前期农业和商业发达，江南出现了密集的商业城市，并出现了大商帮；人口突破4亿大关，占世界总人口10亿的近一半。

清朝极盛时期，积极维护国家领土主权的完整，统一的多民族国家得到巩固和发展。乾隆年间，中国作为统一的多民族国家的格局最终形成。

清朝从乾隆末年开始有衰落的现象。由于吏治的腐败，导致海关走私严重，鸦片贸易猖獗。中国沦为半殖民地半封建社会。1912年2月12日，清帝溥仪颁布退位诏书，清朝灭亡了。

近代的屈辱与抗争

近代以后，由于西方列强的入侵，由于封建统治的腐败，中国逐渐成为半殖民地半封建社会，山河破碎，生灵涂炭，中国民族遭受了前所未有的苦难。

“近代的屈辱与抗争”中讲述了中华民族心灵的创痛，同时也反映了中华民族不畏强敌的反抗斗争精神，激励着中华儿女知耻而后勇，自强不息、砥砺前行。

关注公众号　阅读爱国故事

1. 百年国耻开端的事件——鸦片战争

19 世纪，西方经过工业革命，经济飞速发展。而此时的中国仍然处于封建社会，经济依靠传统农业，渐渐地全面落后于西方，但清朝统治者却沉迷于“天朝上国”的梦幻当中。

在当时的西方列强中，以英国最为强大，它的殖民地遍及全球，号称“日不落帝国”。英国殖民者野心勃勃，想把地大人多的中国变成其商品倾销地，从中牟取暴利。1793 年，英国派马嘎尔尼出使中国，要求清朝开放市场。乾隆皇帝未答应，只允许英商和其他西方商人在广州一地经商。在此后的中英贸易中，中国进口额远远小于出口额，属于出超的一方，大量白银从英国流入中国。英国人觉得利益受损，于是开始向中国输入鸦片。

鸦片，俗称大烟，是从罂粟中提取的一种毒品。它虽然具有一定的药用价值，但极易成瘾，长期吸食会破坏人体内分泌和免疫系统。不但如此，一旦染上毒瘾，便难以戒断，只能不断购买鸦片。毒瘾还会越来越大，最后骨瘦如柴，直至死亡。

鸦片被贩卖到中国后，迅速泛滥。英国凭借鸦片一举扭转了贸易逆差，大量白银流入英国。鸦片泛滥既损害了清政府的

▼ 鸦片战争

财政收入，也造成了严重的社会问题。1839年，清政府派钦差大臣林则徐抵达广州，主持禁烟。林则徐勒令外国烟贩交出所有鸦片，驱逐英国商人，并于6月3日至25日在虎门将鸦片当众销毁。

虎门销烟的消息传到了英国伦敦。英国怒不可遏，便以保护商人利益为由，于1840年6月出动舰队，发动侵华战争。因为这场战争是因鸦片贸易而起，所以史称“鸦片战争”。英国舰队于6月出现于中国海域，开始封锁广州海面。不久，英国舰队沿中国海岸线北上天津，沿途攻城略地。清朝军备废弛，武器落后，被打得节节败退。眼见英军逼近天津，清军又不堪一击，道光皇帝惊慌失措，忙下令惩办林则徐以讨好英国人，另派大臣琦善南下广州与英国谈判。英军此时也需要休整，便同意谈判。

鸦片战争后，西方殖民者纷纷入侵中国。继英国之后，法、美等国也强迫清政府签订了不平等条约。英、法殖民者不满足于已取得的利益，于是在鸦片战争结束14年后，借口“亚罗号事件”“马神父事件”再次发动侵华战争。由于这次战争相当于鸦片战争的延续，所以称为“第二次鸦片战争”。俄国也趁火打劫，入侵东北。

鸦片战争是中国近代百年国耻的开端。中国领土主权遭到侵犯，开始沦为半殖民地半封建社会。“四万万人齐下泪，天涯何处是神州”，中华大地从此进入漫漫长夜。

延伸阅读：苛刻的不平等的《南京条约》《北京条约》

《南京条约》是鸦片战争后中英签订的中国近代史上第一个不平等条约。该条约于道光二十二年七月二十四日（1842年8月29日）由清廷代表耆英、伊里布、牛鉴与英国代表璞鼎查在停泊于南京下关江面的英舰上签订，标志着第一次鸦片战争的结束。

《南京条约》共13款，其中要求中国：（1）割让香港岛；（2）向英国赔偿鸦片烟价、商欠、军费共2100万银元；（3）五口通商，开放广州、福州、厦门、宁波、上海五处为通商口岸，允许英国人居住并派驻领事；（4）协定关税，英商应纳的进出口货税、饷费，中国海关无权自主；（5）废除公行制度，准许英商在华自由贸易等。此外，也规定了双方官吏平等往来、释放对方军民以及英国撤军等事宜。

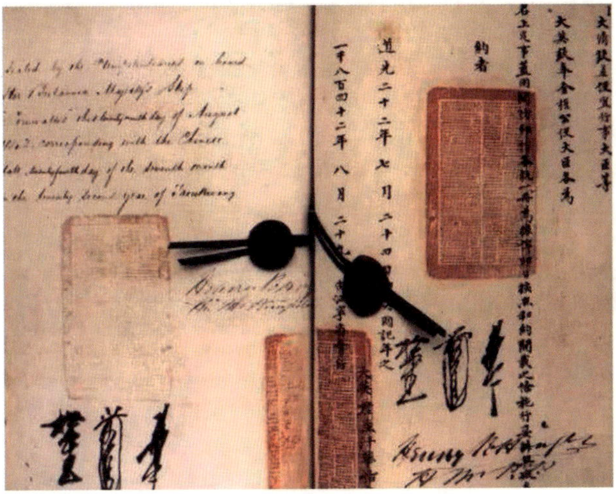

▲《南京条约》

道光二十三年（1843）耆英与璞鼎查又先后签订中英《五口通商章程》和《虎门条约》，作为《南京条约》的补充和细则，将协定关税和租界制度予以落实，并使英国取得领事裁判权、最惠国待遇等权益。

《南京条约》破坏了中国的领土完整和关税主权，便利了英国对华的商品输出，使中国开始沦为半殖民地半封建社会。《南京条约》签订后，西方列强趁火打劫，相继强迫清政府签订了一系列不平等条约，进一步侵犯了中国的主权，破坏了中国的经济，加速了清王朝的灭亡。

《北京条约》包括《中英北京条约》《中法北京条约》《中俄北京条约》，是1860年清朝政府于第二次鸦片战争后在北京分别与英国、法国、俄国签订的不平等条约。清政府委任钦差

▲《北京条约》是第二次鸦片战争后与国外签订的不平等条约

大臣奕䜣作为谈判及签约代表。签约地点在北京礼部衙门（今天安门广场东南角）。1887年与葡萄牙签订《中葡和好通商条约》，亦称《中葡北京条约》。

三个条约约文现收藏于台北外双溪“故宫博物院”。这些极不平等条约的签订进一步加深了中国半殖民地半封建社会逆向形成程度。

2. 租界——帝国主义列强强行获取的租借地

租界，是近代以来西方殖民者通过不平等条约，以租用给本国侨民居住地的名义，强行在中国划分出来的势力范围。列强在租界之内享有治外法权，有独立的行政、税收、警务体系，不受中国政府管辖，俨然是“国中之国”。

1845年，英国迫使清政府设立上海英租界，这是近代中国历史上的第一个租界。美、法等国纷纷效法，在上海分割土地，设立自己的租界。1853年，上海爆发小刀会起义，攻占县城，使清政府在上海的统治陷入瘫痪。英、法、美三国借口保护租界，于1854年7月成立联合租界，在租界内组建“上海公共租界工部局警务处”和警察武装。1862年，法租界从联合租界中独立。次年，英美租界正式合并，后改称“上海国际公共租界”，由多国共管。至1899年，公共租界总面积已达3万多亩。公共租界内不仅居住着英国人、美国人和华人，还有德国、俄国、丹麦、意大利、葡萄牙、瑞典、奥地利、西班牙和荷兰人。

▲ 上海租界一角

租界是近代中国耻辱的标志。

延伸阅读：为收回租界抗争，洗刷百年屈辱

列强在租界内凭借不平等条约，享有种种特权，可以恣意欺侮中国人民，掌握中国的财政。在租界内的华人，无论贵贱，均被洋人歧视。他们只有纳税的义务，却没有半点权利。如在英、美等国经营的上海公共租界外滩公园门口，殖民者公然挂起了“华人与狗不得入内”的牌子，显示了赤裸裸的对华歧视。

华人与租界内的洋人矛盾十分尖锐，发生了多次冲突。自辛亥革命以来，中国人一直在为收回租界而不懈奋斗。如1927年收回汉口、九江英租界，就是其中一起著名事件。1927年，中国第一次国内革命战争方兴未艾，1月3日，武汉各界为北伐胜利组织的讲演队到城内各重要地段讲演，宣扬革命思想。演讲人员在武汉英租界旁演讲时，遭到英军挑衅，造成一名听众死亡、多人受伤，史称“一三惨案”。惨案发生后，全国哗然。中国共产党号召全国民众“与英帝国主义者决一死战”。中共江西九江地委、九江总工会接到上级党组织关于支援武汉人民反帝斗争的指示后，于 1927 年 1 月 6 日发动反英罢工和游行。租界英军镇压罢工。九江人民义愤填膺，强烈要求收回英租界。在各界群众的坚决斗争下，英国被迫于 2 月 19 日、20 日与武汉国民政府签订了汉（汉口）案、浔（九江）案协定，正式把汉口、九江英租界无条件归还给中国。这是鸦片战争以来中国人民反帝外交斗争史上的一次伟大胜利。

中华人民共和国成立后，列强在中国的租界被全部收回，压在中国人民心头 100 多年的民族屈辱至此被洗刷。

3. 太平天国农民起义

太平天国运动指清朝咸丰元年到同治三年（1851—1864）间，由洪秀全、杨秀清、萧朝贵、冯云山、韦昌辉、石达开等人领导的反封建、反侵略的农民战争。1864 年，太平天国首都天京（今南京）陷落，起义失败。

太平天国运动发生的背景是鸦片战争后，中国开始沦为半殖民地半封建社会。列强凭借《南京条约》中的一系列不平等条约，从政治、经济等方面大肆侵华。清政府为了支付高达 2800 万银元的战争赔款和赎城费，弥补由于鸦片大量输入而造成的财政亏空（道光二十七年至二十八年即 1847 年至 1848 年，中国每年须以白银支付的贸易逆差为 1000 万银元），加紧横征暴敛，增加税收一至三倍以上。加之外国工业品的大量倾销，冲击了中国城乡手工业，农民和手工业者纷纷破产。地主阶级乘机兼并土地，加重剥削。

民族矛盾的加剧促使国内阶级矛盾的激化，广大农民饥寒交迫，纷纷揭竿而起。鸦片战争后的十年间，各族人民的反清起义达 100 多次。

广西是多民族聚居区，清朝统治者对广大少数民族的民族压迫和阶级剥削十分严酷；加上天灾人祸，广大农民苦不堪言，反抗斗争此起彼伏，终于咸丰元年（1851）在广西桂平金田村爆发了由洪秀全领导的大规模农民起义。

太平天国运动是中国历史上规模最大的农民起义，坚持了 14 年，势力扩展到 17 省，采取了一系列反封建措施，有力地打击了清王朝封建统治和列强的侵略，加速了封建社会的崩溃。

▼ 太平天国运动

延伸阅读：太平天国运动领袖洪秀全

洪秀全（1814—1864）领导的太平天国运动，是中国乃至世界史上最大规模的农民起义。起义虽然失败，然而对近代中国的变革产生了极为重要影响，甚至可以说为辛亥革命创造了条件。

洪秀全的一生，既是一部英雄的史诗，也是一幕历史的悲剧。他起自布衣，坚信“古来事业由人做”。1856年，洪秀全在金田村振臂一呼，一场历时14年、席卷17省的农民起义拉开了序幕。

洪秀全和他领导的太平天国，为后人留下一笔可贵的精神财富。南京太平天国历史博物馆现藏有太平天国历史文物2140件，其中一级藏品33件（套），还有大量的原始档案资料、图书。洪秀全故居成为广东省爱国主义教育基地，洪秀全故居、洪氏祠堂、洪秀全纪念馆成为洪秀全故乡游的三大品牌。

4. 英法联军火烧圆明园

1860年10月18日，一向静谧的北京西郊却颇不平静。圆明园一带火光冲天，烈焰飞腾。在火光的照耀下，影影绰绰看到很多太监、宫女东奔西走，四处躲避。大火彻夜不息，足足燃烧了三天三夜，深秋时节凉爽的空气也被大火烤得干燥而灼热。当笼罩在圆明园上空的滚滚浓烟逐渐散去，只剩下废墟上的余火还在燃烧时，住在附近惊恐万状的老百姓才敢悄悄从家中出来一探究竟。他们惊讶地发现，昔日戒备森严的皇家禁地，已经是墙倒屋塌，宛如人间地狱。在北京城内的恭亲王奕䜣得知此事后面色发白，两腿发软，如一摊烂泥般瘫在军机处的地上……

咸丰十年（1860）英法联军攻占北京后，占据圆明园。中国守军寡不敌众，圆明园总管大臣文丰投河自尽，住在园内的常嫔受惊身亡。英国军队首领额尔金在英国首相帕麦斯顿的支持下，竟下令烧毁圆明园。3500 名英法联军冲入圆明园，四处纵火，圆明园及附近的清漪园、静明园、静宜园、畅春园以及海淀镇均被烧成一片废墟。安佑宫中，近 300 名太监、宫女、工匠葬身火海，这座世界名园化为一片灰烬，成为世界文明史上罕见暴行的见证。

10 月 13 日，英法侵略军攻占了安定门，控制了北京城。10 月 18 日和 19 日，这伙强盗抢劫了万寿山、玉泉山和香山等几处属园中所藏的珍贵文物，并进行第二次大焚烧，烧毁了上述几处属园的殿阁建筑。

圆明园是清代大型皇家园林，全园面积 5000 多亩，建筑面积达 20 万平方米，始建于康熙四十八年（1709），有“万

▼《火烧圆明园》电影剧照

园之园”之称。圆明园文物被掠夺的数量粗略统计约有150万件，上至先秦时期的青铜礼器，下至唐、宋、元、明、清历代的名人书画和各种奇珍异宝。现仅存残垣断壁，即游人见到的圆明园遗址公园。

延伸阅读：世界文明史上罕见的暴行

火烧圆明园无疑是历史上最为野蛮恶劣的文化毁灭行为，或许亚历山大大帝图书馆的焚毁及哥特部落践踏罗马可以与之相提并论。法国人当时就指出，这就如同罗浮宫和法国国立图书馆同时被毁。火烧圆明园充分说明了这些列强的伪善及种族主义基因。在欧洲文明国家间，此类文化毁灭行为甚至在战争期间都是不可想象的。中国人永远不会忘记这场浩劫，至今仍记忆犹新。

法国大文豪雨果于1861年对圆明园做出这样的评价：“你只管去想象那是一座令人心驰神往的、如同月宫的城堡一样的建筑，夏宫（指圆明园）就是这样的一座建筑。”“人们常常这样说：希腊有帕特侬神殿，埃及有金字塔，罗马有斗兽场，东方有夏宫。这是一个令人叹为观止的无与伦比的杰作。”

火烧圆明园这场浩劫，正如雨果所描绘和抨击的那样：“有一天，两个强盗闯进了夏宫，一个进行抢劫，另一个放火焚烧。他们高高兴兴地回到了欧洲，这两个强盗，一个叫法兰西，一个叫英吉利。他们共同‘分享’了圆明园这座东方宝库，还认为自己取得了一场伟大的胜利！”

享誉世界的名园圆明园的毁灭，对人类文明造成了重大破坏。这既是西方侵略者野蛮摧残人类文化的见证，也是文明古国落后挨打的证明。

5. 洋务运动和中法之战

洋务运动，又称自强运动，是19世纪60年代至90年代晚清洋务派奉行“师夷之长技以制夷”所进行的一场引进西方军事装备、机器生产和科学技术以挽救清朝统治的自救运动。

1861年1月11日，爱新觉罗·奕䜣会同桂良、文祥上奏《通筹夷务全局酌拟章程六条》，推行一项以富国强兵为目标的洋务运动。1861年辛酉政变后，慈禧重用洋务派，大规模引进西方先进的科学技术、兴办近代化军事工业和民用企业。

▲“洋务运动”中金陵机器制造局自制的格林炮

对于1883年的清政府而言，国内已经有将近20年没有发生大规模战争了。以李鸿章等人为首的“洋务派”利用这20多年的喘息时间引进西方先进工艺和技术，建立了相对现代化的造船厂和海军军官学校——福州船政学堂、马尾造船厂以及配有先进火炮的海防炮台。此时，尽管清军在越南与入侵的法军时有冲突，但还远远未到全面战争的地步。一切看起来似乎太平无事……然而第二年的中法马江海战击碎了洋务派的“梦想”。在这场海战中，福建水师全军覆没，马尾沦陷，船政局及马尾造船厂被焚毁。

作为当时三大水师之一的福建水师的主要基地——福州船

政局，由晚清名臣左宗棠一手创办，是中国近代第一所相对现代化的造船厂与海军人才培养基地。从船政学堂走出的海军人才，活跃于晚清至民国的海军史上。当时船政局一号干船坞的规模仅次于英国普利茅斯海军造船厂的船坞。该船坞可以建造 110 米级别的各型战舰，这在当时的远东太平洋地区也是独一无二的。

福建水师驻地位于闽江马尾段偏上游地区，防御能力较强。1884 年 7 月 12 日，法国政府向中国发出最后通牒，要求在 7 天内满足其“撤军”“赔款”等蛮横要求。法国扬言，如果中国不接受法国提出的要求，法国便要占领福州的港口作为“担保品”。7 月 14 日在孤拔的率领下，法国军舰以“游历”为名陆续进入马尾军港，集结在罗星塔下。钦差会办福建海疆事宜大臣张佩纶、闽浙总督何璟、福建船政大臣何如璋、福建巡抚张兆栋和福州将军穆图善等人竟然放任法舰进入马尾，并要求福建水师各舰“不准先行开炮，违者虽胜也斩”。

8 月 23 日，法舰突然不宣而战。位于港内的水师各舰由于没有船政大臣何如璋的命令，没有预先准备，在法舰的突然袭击之下竟然没有起锚迎战，仅与有兵力、装备优势的法军进行对射。由于弹药不足（何、张等人之前下令不得向各舰补给弹药），十余分钟之后便纷纷作鸟兽散，约半个小时之后法舰便扫清了江上的清军抵抗力量。此时收到法国远东联合（特混）舰队司令孤拔战书的何、张等人才下令对法舰开火，但大势已去。好在遭到海防炮台阻拦射击之下的法国舰队未能通过马尾防线，否则法军占领福州，历史将会改写。

延伸阅读：洋务运动对近代中国的深远影响

洋务运动对中国的近代思想启蒙产生了极其深远的影响。

1. 洋务运动促进了中国军事近代化。洋务派一致主张师夷长技以富国强兵，抵抗外国侵略，挽救民族危机。他们认识到，以机器生产为核心的近代工业是富国强兵的根本。而经过军事上的惨痛失败，他们更是将军事工业的革新看成是首要的突破点，提出了“自强”的口号。

在李鸿章等人的主持下，一大批大型近代军事工业相继问世。洋务派创办的军事工业中，比较著名的有曾国藩在1861年创办的安庆内军械所、1865年李鸿章在上海创办的江南制造总局、1866年左宗棠设立福州船政局等。短短几年中，中国就已经具备了铸铁、炼钢以及机器生产的各种军工产品的能力。这些近代军事工业的创办使中国从对外国的器物从无知排斥到积极引进和学习探索，绝对是一个巨大的进步。而且这些军事工业有很多都在后来发挥了重要的作用。他们还开办了天津北洋水师学堂、威海水师学堂、南洋水师学堂、江南陆军学堂等一批军事学校，为国防事业做出了重要的贡献。

洋务派还建立了南洋、北洋、福建三支新式海军。其中李鸿章一直苦心经营的北洋舰队是清朝海军的主力。它拥有包括“定远”“镇远”等铁甲舰在内的20多艘舰艇，是一支实力较强的近代海军。尽管最后北洋海军失败了，但它曾经是中国的先进军事力量，在世界海军史上占据了一席之地。

2. 洋务运动刺激了中国资本主义的产生。中国开了近代工业的先河之后，客观上对中国社会生产力的发展和民用工业的产生，起到一定的促进作用。在后期，洋务派提出了“求富”的口号，创办了一些民用企业。其中比较著名有李鸿章创办的轮船招商局、张之洞创办的汉阳铁厂等。这些民用企业大多采用官督商办和官商合办的管理方式，基本上是以利润、市场和价值规律为基础的资本主义性质的企业，所以促进了中国资本主义的发展。

在洋务运动的影响下，企业的利润吸引中国的一些地主、官僚、商人投资新式工业，这是中国民族资本主义工商业的开端。这些民族工业中比较著名的有1869年在上海成立的发昌机器厂、1872年华侨商人陈启源创办的继昌隆机器丝厂（中国近代第一家使用新法的缫丝厂，也是最早的民族资本工业企业之一）、1881年黄佐卿在上海创办的公和永丝厂等。这些商办企业虽然投资和规模比较小，设备简陋，技术落后，却是近代中国第一批民族资本主义工业，奠定了近代工业的基础。

3. 洋务运动开启了教育的近代化。洋务运动中开办“新学”，加速了封建科举制度的崩溃，奠定了中国近代教育的基础；留洋求学，为中国培养和储备了一定数量的各类人才；办刊译著促进了西学在中国的广泛传播，扩大了中国文化在思想层面上的交互融合。提到洋务派对西学传播的贡献，便不得不提其开办的近代新式学堂，培养翻译人才及从事译书等活动。首先，1862年京师同文馆设立，学习外文，主要培养翻译和外交人才。1863年，李鸿章在上海创办广方言馆，招收当地少年学习外语。其次，洋务派还创办了一批专门培养军事、科技、制造、矿物等方面的专门人才的学堂。如1867年设立的福州船政学堂、天津武备学堂等。此外，1872年，清政府派出第一批留学生赴美留学；1877年清政府从福州船政学堂选拔一批学生留学英、法学习海军驾驶、作战技术。这是中国第一批留学欧洲的学生。清政府为我国培养了一批近代人才，如著名工程师詹天佑等。总之，洋务运动对中国教育的近代化起了积极的推动作用。

4. 洋务运动还促使社会风气和人们观念的变化。洋务派对于学习西方，开了好的风气。洋务派创办报刊、组织人员翻译西方科技著作、派遣学生出国留学，使西方民主思想在我国传播，起到了开一代风气的拓荒作用。同时，随着洋务运动的展开、近代工业的产生，商人和商业的社会地位明显提高，一些官僚和士大夫开始重视工商业，甚至其中一些人还投资工商业。

随着西方科学和西方一些事物的不断传入，人们对西方世界的认识也发生了变化，认为中国落后于西方，向西方学习是兴邦强国的重要手段。在沿海一些城市，人们衣食住行和风俗习惯也都发生了一些改变。

6. 甲午中日战争

1894 年 7 月 25 日，日本军舰在丰岛海域偷袭济远、广乙两艘运兵船，不宣而战，揭开了甲午战争的序幕。一个多月后的黄海海战中，中国舰队被日本舰队击败。

1894 年 9 月 17 日，清朝北洋舰队与日本海军在黄海大东

▲ 图为战斗中的“致远”舰

沟海面展开血战，这就是甲午中日战争中最为壮烈的黄海大战。北洋舰队将领邓世昌率“致远”舰等拼死抗敌，并以受伤之舰撞击敌主力舰“吉野”号，全舰官兵250余人全部壮烈殉国。

1895年2月，号称亚洲最强的北洋水师——拥有25艘舰船、4000余名官兵的中国第一支近代化海军舰队，在威海卫（今山东省威海市）全军覆没。

由于日本蓄谋已久，而清朝北洋舰队仓皇迎战，这场战争以中国战败、北洋水师全军覆没而告终。清朝政府迫于日本军国主义的压力，于1895年4月17日在日本马关签订了丧权辱国的《马关条约》。条款包括割让台湾岛及其所有附属岛屿、澎湖列岛和辽东半岛给日本，赔偿日本军费白银2亿两等。

甲午战争的结局给中华民族带来空前严重的民族危机，大大加深了中国社会半殖民地化的程度。中国各阶层人士从此开始觉醒，以不同形式投身于救亡图存的活动中。

延伸阅读：誓死保卫台湾的民族英雄刘永福

台湾是中国不可分割的领土，在历史上曾出现多位誓死保卫台湾的民族英雄，刘永福就是其中之一。

▲ 刘永福

刘永福（1837—1917），广西防城古森洞小峰乡人，祖籍博白东平，原是反清的黑旗军将领。1883年率黑旗军参加中法战争，屡次大败法军。

甲午战争期间，刘永福奉命赴台抗日，但最终失败。清廷被迫签订《马关条约》，将台湾和澎湖割让给日本后，台义军统领丘逢甲倡议建立“台湾民主国”。1895 年 5 月 25 日，台湾民众公推巡抚唐景崧为“台湾民主国”总统，刘永福为大将军。后唐景崧回到大陆，同年 6 月刘永福被公推为“台湾民主国”第二任总统，但他三拒总统印，而以抗日盟主的身份领导台湾民众抗日，为保卫台湾做出了重大贡献。

7. 八国联军侵华战争

八国联军侵华战争，指 1900 年 5 月 28 日（清光绪二十六年），大英帝国、美利坚合众国、法兰西第三共和国、德意志帝国、俄罗斯帝国、大日本帝国、意大利王国、奥匈帝国对大清帝国发动的侵略战争。

1900 年春，义和团运动如火如荼，八国联军以镇压义和

▼ 八国联军侵华

团为名入侵中国。

侵华军队总人数前后约为 5 万人，装备精良，声势浩大。1900 年 8 月 14 日，北京城彻底沦陷，八国联军所到之处，杀人放火、奸淫抢掠，从紫禁城、中南海、颐和园中偷窃和抢掠的珍宝更是不计其数。其中著名的“万园之园”圆明园继英法联军 1860 年劫掠后再度遭劫。八国联军总司令瓦德西在后来也承认说：“所有大清帝国此次所受毁损及抢劫之损失，其详数将永不能查出，但为数必极重大无疑。”1901 年 9 月 7 日，八国联军与清政府签订《辛丑条约》，中国自此彻底沦为半殖民地半封建社会，给国家和人民带来空前深重的灾难。

延伸阅读：丧权辱国的《辛丑条约》

1900 年（庚子年），义和团运动在中国北方部分地区达到高潮。大清帝国和列强开战不敌，八国联军占领了北京。1901 年（辛丑年）9 月 7 日上午，清廷全权代表奕劻和李鸿章与 11 国代表签订了屈辱的《解决 1900 年动乱最后议定书》，即《辛丑条约》。

《辛丑条约》第六款议定，清政府赔偿俄、德、法、英、美、日、意、奥八国及比、荷、西、葡、瑞典、挪威六国“受害国”的军费、损失费 4.5 亿两白银，赔款的期限为 1902 年至 1940 年，年息 4 厘，本息合计为 9.8 亿多两，以海关税、盐税和常关税抵押担保。其中俄国以出兵满洲需费最多，故所得额最大，为 1.3037 亿两。这笔钱史称“庚子赔款”。《辛丑条约》规定的赔款，按当时全国四亿五千万人口计算，每人摊派大约一两银子。那时的清政府全年财政收入不到 9000 万两，9.8 亿两相当于 11 年财政收入的总和。

《辛丑条约》中规定，清政府向八国共赔款白银 4.5 亿两，美国应得到其中的3200多万两，折合美元2400多万。在其后的1903—1905年“付金付银”交涉和1922—1924年的“金法郎案”交涉中，中国背负的赔款又先后增加了800万两和7000万两白银。

《辛丑条约》记录的是近代中国一段屈辱的历史，它激起中华民族的旧恨新仇，中国人民在反帝反封建的斗争中进一步觉醒。

8.“巴黎和会”与五四爱国运动

1918年，第一次世界大战结束。以英法为首的协约国集团取得了战争的胜利。为了瓜分战利品，确定战后世界新秩序，1919年年初，由英、法、美等国牵头，27个国家在巴黎召开和平会议，商议战后事宜。两年前，中国北洋政府在协约国怂恿下对德宣战，派出14万劳工远赴欧洲，支援协约国作战。当时，协约国许诺在战争胜利后给予中国应有的尊重和利益保障。这次巴黎和会，中国自然以战胜国身份派出代表参加。

“巴黎和会”实际上是协约国列强分赃的会议。不仅战败国遭到英法等列强的盘剥，就是许多有战胜国名分的弱国、小国的利益也遭到强国的侵占。在会议上，日本代表提出让同为战胜国的中国将德国在山东的特权转让给日本的无理要求，遭到中方代表顾维钧等人的坚决反对。然而当时日本强大，中国孱弱，英、法、美等国考虑到自身在远东的利益，最终在4月30日支持了日本的主张，拒绝了中方代表提出的列强撤出在华势力范围、废除“二十一条”等合理要求。

这一消息在5月1日传遍全国，举国舆论大哗。在首都北京，工商界、教育界和许多爱国团体纷纷通电，斥责列强背信弃义的无耻行径，并坚决要求北洋政府捍卫国家利益。

5月4日下午，北京学生3000余人齐集天安门前举行示威。他们提出“外争主权，内除国贼”“取消二十一条”“还我青岛”“诛卖国贼曹汝霖、章宗祥、陆宗舆”等口号，冲破反动军警的阻挠，从四面八方汇集到天安门前，举行抗议集会。震惊中外的五四运动爆发。

五四运动中，中国工人阶级开始以独立的姿态登上政治舞台。6月5日起，上海工人自发举行声援学生的罢工。几日内，罢工工人达到六七万人。随后，北京、唐山、汉口、南京、长沙等地工人也相继举行罢工，许多大中城市的商人举行罢市，形成罢工、罢课、罢市的“三罢”高潮。斗争迅即扩展到20多个省份、100多个城市。

迫于人民群众的压力，北洋军阀政府只好下令释放被捕学

▼ 五四运动中群众集会

生，并于6月10日宣布罢免曹汝霖、章宗祥、陆宗舆三人的职务。6月28日，中国代表没有出席巴黎和约签字仪式。至此，五四爱国群众运动取得了胜利。

五四运动是近代中国革命史上具有划时代意义的事件。这场伟大的爱国运动，标志着新民主主义革命的伟大开端。

延伸阅读：五四精神

五四精神的核心内容为“爱国、进步、民主、科学”。

新时代中国青年处在中华民族发展的最好时期，既面临着难得的建功立业的人生际遇，也面临着“天将降大任于斯人”的时代使命。新时代中国青年要继续发扬五四精神，以实现中华民族伟大复兴为己任，不辜负党的期望、人民期待、民族重托，不辜负我们这个伟大时代。五四运动时期的先进青年在民族危难之际，用他们的热血与激情谱写了一曲浩气长存的青春赞歌；新时代中国青年在全面建成小康社会、加快建设社会主义现代化国家、实现中华民族伟大复兴的历史际遇中，理应握紧先辈的接力棒，发扬以爱国、进步、民主、科学为主要内容的伟大五四精神，用青春谱写绚丽篇章。在新时代发扬五四精神，需要深入理解五四精神的内涵，加强对五四精神的时代价值的体会，让五四精神放射出更加夺目的时代光芒。

9. 北洋军阀统治覆灭

北洋军阀是清朝末年由袁世凯建立的封建军事政治集团。清政府自镇压太平天国运动以来所依靠的湘军和淮军，在甲午中日战争中一败涂地，腐朽不堪。为了支撑危局，清政府于1894年冬任命淮系官僚胡燏棻到小站训练新式陆军。1895年，清政府派袁世凯接管这支军队，这就是北洋军建立的开始。

北洋军与旧式军队不同，而按照德国的营制和操典进行训练。北洋军阀就是随着北洋军的建立和发展而形成的。为了控制北洋军，袁世凯从一开始就注重搜罗党羽，拼凑班底。其中最重要的有袁世凯的老朋友徐世昌和被称为“北洋三杰”的天津武备学堂毕业的王士珍、段祺瑞、冯国璋等人，这些人构成了后来北洋军阀的骨干。

1898年，袁世凯依靠北洋军，出卖维新派，换得西太后和荣禄的信任，袁世凯及北洋军初露头角。1899年和1900年，袁世凯又依靠北洋军镇压山东义和团，得到中外反动派势

▼ 北洋军阀旧照

力的赏识。1901 年，袁世凯继李鸿章后，担任举足轻重的直隶总督兼北洋大臣。袁世凯利用职权，竭力扩充自己的实力，到 1905 年，兵力达到六七万人。

随着北洋军的扩张，逐渐形成了以袁世凯为首的封建军事政治集团——北洋军阀。1911 年武昌起义后，袁世凯依靠北洋军和帝国主义的支持，一方面迫使清政府交出实权；另一方面迫使革命党人妥协。1912 年，袁世凯窃取了中华民国临时大总统的职位，从此开始了北洋军阀对中国长达 17 年的反动统治。

1913 年，袁世凯为了巩固其专制独裁统治，使用武力镇压了反袁的“二次革命”，北洋军阀的势力达到鼎盛。1915 年，复辟帝制失败。1916 年，袁世凯死后，在帝国主义列强的操纵下，北洋军阀分化为直、皖、奉三系，各派军阀争权夺利，混战不已。1926 年皖系军阀段祺瑞被赶下台，1927 年直系军阀被国民革命军消灭，1928 年奉系军阀政府垮台，北洋军阀寿终正寝。

延伸阅读：北洋军阀统治下的乱世

北洋军阀是民国军阀势力之一，由袁世凯掌权后的北洋新军主要将领组成。袁世凯死后，北洋军阀纷纷割据，各自建立势力范围，但在名义上仍接受“北京政府”的支配。“北京政权”实际上由不同时期的军阀所控制。因此，在北洋军阀时期，“北京政府”又有北洋军阀政府（简称北洋政府）的称呼。北洋军阀主要分为直系、皖系、奉系三大派系，历史上把长江吴淞口以北的军阀也称为北洋军阀。

北洋军阀各派系都有军队，并视其为私产。他们靠军队起家走上政治舞台，继而又靠扩充军队去实现更大的政治野心。

▲ 北洋军阀军警逮捕北京大学学生

“有兵则有权，兵多则权大”成为这一时期最鲜明的特色。

北洋军阀各派系都占据着一块地盘。这期间虽然中央政权被袁世凯及皖、直、奉系军阀轮番控制，但全国实际上始终都由各军阀分别占据着。大小军阀都在自己控制的地盘内自定法律，自定税收，任意搜刮和奴役人民。军阀割据地区形成“独立王国”，军阀则是这“王国”的“土皇帝”。它的存在是这一时期中国各种政治势力分裂的基础。

北洋军阀各派系都有帝国主义作为靠山。帝国主义为扩大对华侵略，竞相在中国扶植军阀势力。各派军阀为求得“主子”的支持，不惜出卖国家主权和利益，充当帝国主义侵略中国的“代理人”。

北洋军阀各派系都是封建主义者。军阀们在政治上代表了封建地主阶级的利益，在文化上大搞封建复古主义，在思想上表现出浓厚的封建地方主义、宗族主义、皇权主义色彩。在他们的军队和政权机构中，大小文武官员概由其同系、同僚、同学、同乡以及族人、亲戚、朋党充任。靠这种封建裙带关系，他们图谋建立自己的“家天下”，做“土皇帝”。

北洋军阀的统治方法极端残暴而且愚昧。各派军阀倚恃武力，实行军事独裁统治。反动统治不得人心，自始至终处于人民反抗怒潮的包围之中。正是人民的大革命，使其统治处于风雨飘摇之中。1927年“四一二”以前尚未公开背叛孙中山“三民主义”的国民党政府顺应历史潮流，终于摧毁北洋军阀的残余势力，把它赶下历史舞台。但由于产生军阀的社会基础并未改变，国民党新军阀又代之而起。

10. 伟大的革命先行者孙中山

孙中山（1866—1925），广东香山（今中山市）人，中国近代民主革命的伟大先行者。

孙中山青少年时代受到广东人民奋起抗争的影响，向往太平天国的革命事业。1905年他在日本东京联络留日革命志士，合并反清团体兴中会、华兴会、光复会，组成中国同盟会，并被推举为总理。同盟会确定“驱除鞑虏，恢复中华，创立民国，平均地权”为革命纲领。后在《民报》发刊词中，孙中山提出民族、民权、民生三大主义，即三民主义学说。1907—1911年，同盟会先后发动八次武装起义。1911年10月10日武昌起义成功后，他于12月25日由欧洲返回上海，29日在十六省代表会上当选为中国第一任临时

▲ 孙中山

大总统。次年1月1日到南京宣誓就职，组建中华民国南京临时政府。他在任职期间颁布了中国第一部宪法《中华民国临时约法》。2月13日，在帝国主义和封建势力的逼迫下，辞去临时大总统职，由袁世凯接任。8月25日，同盟会改组为国民党，孙中山被推为理事长，9月，接受袁世凯政府的任命，担任全国铁路督办。1913年3月，袁世凯派人刺杀宋教仁，他愤而发动反袁的“二次革命”，旋即失败。1914年在日本组织中华革命党，被推为总理。此后两次发表《讨袁宣言》，反对袁世凯复辟帝制。1917年段祺瑞拒绝恢复国会和《中华民国临时约法》，孙中山在广州召开国会非常会议，组织护法政府，并当选为海陆军大元帅，誓师北伐。1918年因受桂系军阀和政学系的排挤，被迫辞职退居上海。次年创办《星期评论》和《建设》杂志，并撰成《建国方略》，发表《实业计划》，将中华革命党改组为中国国民党。1921年在广州就任中华民国政府非常大总统。

孙中山于1923年提出“联俄、联共、扶助农工”三大政策。1924年1月，在广州召开国民党第一次全国代表大会，发表改组宣言，通过党纲党章，将旧三民主义发展为新三民主义，实现了第一次国共合作。1924年6月创办黄埔军官学校，同年11月北上讨论国是，并于10日发表《北上宣言》。在《北上宣言》中，他发出对内召开国民会议、对外废除不平等条约两大号召。年底到达北京，同北洋军阀进行坚决斗争。由于积劳成疾，病情恶化，于1925年3月12日在北京病逝，终年59岁。留有遗嘱“革命尚未成功，同志仍须努力”。

延伸阅读：辛亥革命与中华民国

辛亥革命，是指发生于中国农历辛亥年（清宣统三年），即 1911 年至 1912 年年初，旨在推翻清朝专制帝制、建立共和政体的全国性革命。

1911 年夏天，湘、鄂、粤、川等省人民为反对清政府将民办的川汉、粤汉铁路出卖给帝国主义，爆发保路运动，运动在四川省尤其激烈。9 月 25 日，荣县独立，成为全国第一个脱离清王朝的政权，把保路运动推向高潮。10 月 10 日晚，新军工程第八营的革命党人打响武昌起义的第一枪。汉阳、汉口的革命党人分别于 10 月 11 日夜、10 月 12 日攻占汉阳和汉口。

▼ 辛亥革命武昌起义纪念馆

起义军掌控武汉三镇后，湖北军政府成立，黎元洪被推举为都督，改国号为“中华民国”。武昌起义胜利后短短两个月内，湖南、广东等十几个省纷纷宣布脱离清政府宣告独立。1912年2月12日，清帝发布退位诏书。至此，中国延续2000余年的君主专制制度宣告终结。

辛亥革命是近代中国的民族民主革命，它在政治上、思想上产生了不可低估的作用。辛亥革命推翻了统治中国几千年的君主专制制度，建立起共和政体；传播了民主共和理念，推进了中华民族思想的解放，以巨大的震撼力和影响力推动了中国社会的变革。

“中华民国”（1912—1949）是辛亥革命以后建立的亚洲第一个民主共和国，简称“民国”。

辛亥革命和“中华民国”的成立，是我国近代史上最具重大意义的历史事件之一。它标志着我国延续了2000多年的封建制度的终结，同时对我国近代民主政治、社会文化、经济形态等各方面产生了深远影响。

辛亥革命之后，中国尝试过帝制复辟、议会制、多党制、总统制等各种形式，各种政治势力及其代表人物纷纷登场，都没能找到正确答案，旧中国的社会性质和中国人民的悲惨命运没有改变。中国依然是山河破碎、积贫积弱，列强依然在中国横行霸道、攫取利益，中国人民依然生活在苦难和屈辱之中。

历史充分证明：没有先进理论的指导，没有用先进理论武装起来的先进政党的领导，没有先进政党顺应历史潮流、勇担历史重任、敢于作出巨大牺牲，中国人民就无法打败压在自己头上的各种反动派，中华民族就无法改变被压迫、被奴役的命运。

历史呼唤着真正能够带领中华民族实现伟大复兴使命的承担者，这个任务光荣地落到了先进生产力的代表——中国工人阶级的肩上。

没有共产党就没有新中国

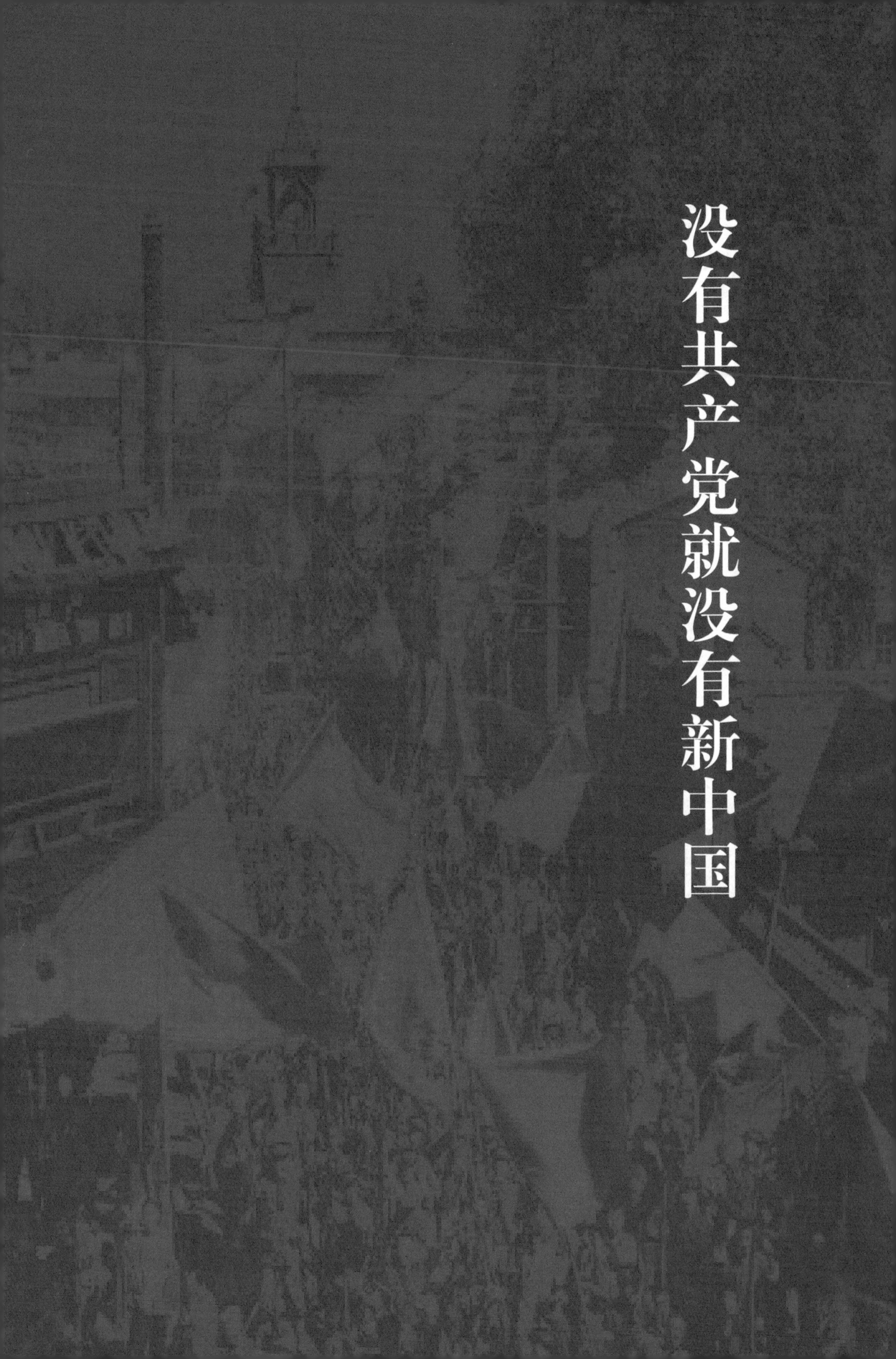

"没有共产党就没有新中国，没有共产党就没有新中国。共产党辛劳为民族，共产党他一心救中国，他指给了人民解放的道路，他领导中国走向光明……"这首《没有共产党就没有新中国》从20世纪40年代至今，一直在华夏大地传唱，激励了几代中国人。

"没有共产党就没有新中国"通过事实证明，只有中国共产党才能救中国，只有中国共产党才能使中国人民站起来、富起来、强起来。中国共产党的领导是历史的必然，是中国人民唯一正确的选择。

1. 十月革命一声炮响，给中国送来了马克思列宁主义

▲ 马克思

卡尔·马克思（1818—1883），德国思想家、政治学家、哲学家、经济学家、革命理论家、历史学家和社会学家，马克思主义的创始人，第一国际的组织者和领导者，马克思主义政党的缔造者之一，全世界无产阶级的伟大导师和领袖。主要著作有《资本论》《共产党宣言》等。恩格斯是马克思的亲密战友。

马克思和恩格斯逝世后，他们的继承者继续把马克思主义向前推进。列宁（1870—1924）把马克思主义同俄国革命的具体实践结合起来，创造性地发展了马克思主义。

1917 年 10 月 25 日（公历 11 月 7 日），列宁领导的布尔什维克武装力量向资产阶级临时政府所在地圣彼得堡冬宫发起总攻，推翻了资产阶级临时政府，建立了苏维埃政权。这是俄国工人阶级在布尔什维克党领导下联合贫农完成的伟大的社会主义革命。因发生在俄历 1917 年 10 月 25 日，故称“十月革命”。

俄国十月社会主义革命是人类历史上第一次获得胜利的社会主义革命，世界上第一个社会主义国家由此诞生。十月革命的胜利沉重打击了帝国主义的统治，推动了国际社会主义运动的发展，鼓舞了殖民地半殖民地人民的解放斗争。这场革命改

变了俄国历史的发展方向，对整个人类社会的发展产生了巨大的影响。

毛泽东在1949年写了一段这样的论述："十月革命一声炮响，给我们送来了马克思列宁主义。十月革命帮助了全世界，也帮助了中国的先进分子，用无产阶级的宇宙观作为观察国家命运的工具，重新考虑自己的问题。走俄国人的路——这就是结论。"

十月革命结束了资本主义独占天下的局面，并为之后的社会主义阵营的形成奠定了基础。

延伸阅读：马克思主义在中国的传播

五四运动前后，中国先进分子从巴黎和会所给予的实际教训中，认识到帝国主义列强联合压迫中国人民的实质，这是社会主义思想在中国进一步传播的直接原因。1920年三四月间，《东方杂志》等刊登苏俄政府第一次对华宣言，宣布废弃沙俄在中国境内享有的一切特权，对社会主义思想在中国的传播给予新的有力推动。研究和宣传社会主义，逐渐成为进步思想界的主流。

正是在这种情况下，许多原来有着不同经历的先进知识分子，经过深思熟虑和反复思考，通过不同的途径，走上马克思主义的道路。

在中国早期的马克思主义思想运动中，李大钊起着主要作用。1919年，他将《新青年》第六卷第五号编为"马克思主义研究"专号，帮助北京《晨报》副刊开辟了"马克思研究"专栏。

新文化运动的思想领袖陈独秀，这时也站在了马克思主义立场上。他在五四运动以后宣称，我们不应当再走"欧美、日本的错路”，明确宣布用革命的手段建设劳动阶级的国家。

毛泽东在其主编的《湘江评论》上，热情歌颂十月革命的胜利，认为这个胜利必将普及于世界，我们应该起而仿效。他第二次来到北京后，热心搜寻并阅读共产主义书籍，建立起对马克思主义的信仰。毛泽东后来回忆说：“到了1920年夏天，在理论上，而且在某种程度的行动上，我已成为一个马克思主义者了。”

一些老同盟会会员，也在这时开始转向无产阶级的社会主义。董必武曾回忆道，过去和孙中山一起搞革命，“革命发展了，孙中山掌握不住，结果叫别人搞去了。于是我们就开始研究俄国的方式”。

中国先进分子以马克思主义为指导，积极投身群众斗争实践。1920年初，北京的一些革命知识分子曾到人力车工人居住区调查他们悲惨的生活状况。邓中夏等到长辛店向工人作革命宣传，开始同工人建立联系。先进知识分子与工人群众相结合的过程，就是马克思主义同中国工人运动相结合的过程。

2. 嘉兴南湖红船是中国共产党的“产床”

1921年7月，中国共产党第一次全国代表大会在上海法租界望志路106号（今兴业路76号）开幕。

参加会议的代表有：上海的李达、李汉俊，北京的张国焘、刘仁静，长沙的毛泽东、何叔衡，武汉的董必武、陈潭秋，济南的王尽美、邓恩铭，广州的陈公博，旅日的周佛海；包惠僧受陈独秀派遣，出席了会议。他们代表着全国50多名党员。共产国际代表马林和尼克尔斯基出席了会议。陈独秀和李大钊因事务繁忙未出席会议。

由于会场受到暗探注意和法租界巡捕搜查，最后一天的会议转移到浙江嘉兴南湖的游船上举行。

党的一大确定党的名称为“中国共产党”。大会通过了中国共产党第一个纲领，明确“革命军队必须与无产阶级一起推翻资本家阶级的政权”，“承认无产阶级专政，直到阶级斗争结束”，“消灭资本家私有制”，以及联合第三国际。中国共产党一经成立，就旗帜鲜明地把社会主义和共产主义规定为自己的奋斗目标，坚持用革命的手段实现这个目标。

党的一大决定设立中央局作为中央的临时领导机构，选举产生了以陈独秀为书记的中央局。

党的一大宣告中国共产党正式成立。中国共产党的成立，是近代中国历史发展的必然产物，是中国人民在救亡图存斗争中顽强求索的必然产物，是实现中华民族伟大复兴的必然产物。中国共产党作为中国最先进的阶级——工人阶级的政

▼ 中共一大开会的画舫“红船”

党，不仅代表着工人阶级的利益，而且代表着整个中国人民和中华民族的利益。它从一开始就坚持以马克思主义为行动指南，始终把为中国人民谋幸福、为中华民族谋复兴作为初心和使命。

中国共产党的创建，是中华民族发展史上开天辟地的大事变，具有伟大而深远的意义。近代以后中国人民反帝反封建的斗争之所以屡遭挫折和失败，最重要的原因就是没有先进的坚强的政党作为凝聚力量的领导核心。中国共产党的诞生，从根本上改变了这种局面。

上海党的一大会址，嘉兴南湖红船，是中国共产党的“产床”，是党梦想起航的地方。中国共产党的建立，充分展现了开天辟地、敢为人先的首创精神，坚定理想、百折不挠的奋斗精神，立党为公、忠诚为民的奉献精神。这是中国革命精神之源、精神之基、精神之本。红船精神就是其重要体现。正是对这一精神的坚守与践行、光大与发扬，让中国共产党创造了人间奇迹，“敢教日月换新天”，成为世界上最大的政党，深刻改变了中国，也深刻影响和塑造着世界。

延伸阅读：弘扬“红船精神”

2005 年 6 月 21 日，时任浙江省委书记习近平在《光明日报》上刊发的署名文章《弘扬“红船精神”走在时代前列》，首次提出并系统阐述了“红船精神”，认为“红船精神”是中国革命的精神之源。其内涵是开天辟地、敢为人先的首创精神；坚定理想、百折不挠的奋斗精神；立党为公、忠诚为民的奉献精神。

3. 震惊中外的“五卅运动”

全国范围大革命高潮的到来，始于1925年5月上海工人反对外国资本家的罢工。

5月15日，上海内外棉七厂日本资本家枪杀工人、共产党员顾正红。30日，在中国共产党领导和发动下，上海工人和学生举行街头宣传和示威游行，租界英国巡捕在南京路上突然开枪，打死学生、工人等13人，伤者不计其数。这就是震惊全国的五卅惨案。以后几天，上海和其他地方又连续发生英、日等国军警枪杀中国民众的事件。

五卅惨案激起全中国人民极大愤怒，多年来深埋在中国人民心里的对帝国主义的怒火一下子喷发出来，形成工人罢工、学生罢课、商人罢市的局面。党中央决定成立上海总工会，成立上海工商学联合委员会，加强对运动的领导。全国约有1700万人直接参加了运动，从通商都市到偏僻乡镇，到处响起“打倒帝国主义”“废除不平等条约”的怒吼。以五卅惨案为导火线，反对帝国主义的民族运动浪潮，以不可遏止的浩大声势迅速席卷全国，这就是五卅运动。

▲“五卅运动”现场局部

延伸阅读：北伐战争与工农运动

1926年7月，国民革命军誓师北伐。北伐战争的直接打击目标是帝国主义支持的北洋军阀，主要有吴佩孚、孙传芳、张作霖三支势力，他们直接掌握的军队有70万人，而国民政府所辖的国民革命军只有10万人左右。

面对敌我兵力悬殊的形势，国民革命军在苏联顾问指导下制定了集中兵力、各个歼敌的战略方针。在沿途人民群众大力支持下，北伐军一路势如破竹。9月，占领汉阳、汉口。10月10日攻克武昌，全歼吴佩孚部主力。江西战场的北伐军于11月初歼灭孙传芳部主力，占领九江、南昌。福建方面，12月不战而下福州。随即，北伐军制定夺取浙江、上海，会师南京的计划，于1927年2月进占杭州，平定浙江全省。3月占领安庆、南京等地，开进上海。至此，北伐军完全占领长江以南地区。

在北伐军取得巨大胜利的同时，冯玉祥率领的国民军在苏联和中国共产党帮助下，于1926年9月在绥远五原誓师，挥军南下。11月控制陕西、甘肃等省，准备东出潼关，响应北伐军。

北伐战争是在共产党提出的反对帝国主义、反对军阀的口号下进行的。北伐战争在短时间内取得巨大成功，是国共两党合作结出的硕果。

随着北伐胜利进军，工农群众运动以空前规模迅速高涨。在湖南、湖北、江西三省，表现得最为显著。

在这些省份，农民运动首先高涨起来。毛泽东于1926年11月担任中共中央农民运动委员会书记，以湖南、湖北、江西、河南农民运动为工作重点。从1926年夏到1927年1月，湖南农民协会会员从40万人激增到200万人。农民有了组织，便开始行动，发动了一场空前的农村大革命。

农民运动的蓬勃发展，吓坏了地主豪绅和国民党右派，他们纷纷攻击农民运动，诬蔑其是“痞子运动”“糟得很”。

在城市，工人运动也高涨起来。湖南、湖北两省总工会在 1926 年九十月间相继成立。江西省总工会也正式成立。三省都仿效省港大罢工的经验，组织武装工人纠察队。长沙、武汉、九江等城市工人相继举行大规模罢工，大多取得胜利。

在北伐胜利进军和工农运动高涨的推动下，党中央和上海区委从 1926 年 10 月开始，组织上海工人进行武装起义。第一、第二次起义遭到失败。接着，党中央和上海区委联合组成起义最高指挥机关——特别委员会，由陈独秀、罗亦农、赵世炎、周恩来等任委员，周恩来任起义总指挥。在他们直接领导下，上海工人于 1927 年 3 月 21 日成功发动第三次武装起义。22 日，成立上海特别市临时市政府，这是党领导下最早由民众在大城市建立起来的革命政权。

上海工人第三次武装起义，是大革命时期中国工人运动的一次壮举，是北伐战争时期工人运动发展的最高峰。

4. 人民领袖毛泽东

毛泽东（1893—1976），湖南湘潭人，1893 年 12 月 26 日生于一个农民家庭。1914—1918 年，在湖南第一师范学校求学。毛泽东早期即开始革命活动，接受并传播马克思列宁主义。1918 年 4 月与蔡和森等组织革命团体“新民学会”。1920 年 11 月，在湖南创建共产主义组织。1921 年 7 月，出席中国共产党第一次全国代表大会，是中国共产党的缔造者之一。

中共一大之后，毛泽东先后领导工人运动和农民运动，参与中共中央的领导工作。1927年蒋介石发动“四一二”反革命政变以后，毛泽东主张武装反蒋。同年8月7日，出席在汉口召开的中共中央政治局扩大会议，提出了“枪杆子里面出政权”的著名论断。作为中央特派员，会后即到湘赣边界领导了秋收起义，创建了工农革命军第一师。接着率领部队进入井冈山地区，创建了第一个农村革命根据地。后与朱德、陈毅率领的一部分部队会师，组成中国工农革命军（不久改称红军）第四军，毛泽东任党代表，朱德任军长。该军后来发展成为中国工农红军的主要力量，是中国人民解放军的先驱。毛泽东是中国人民解放军的主要缔造者。

▲ 毛泽东

1935年1月，中共中央于长征途中在贵州遵义召开政治局扩大会议，确立了毛泽东在全党全军的领导地位。在毛泽东的正确领导下，党和红军战胜了国民党军队的围追堵截，于1935年10月胜利到达陕北。1936年12月，毛泽东被选为中共中央军事委员会主席。1943年3月，中国共产党中央委员会选举毛泽东为政治局主席和中央书记处主席。在以后历届中央委员会上，他都当选为中央委员会主席、中央政治局主席，直至逝世。在毛泽东和中国共产党的正确领导下，中国人民经过长期的革命斗争，取得了新民主主义革命的胜利，创建了中华人民共和国。1949年9月30日，毛泽东在中国人民政治协商会议第一届全体会议上当选为中华人民共和国中央人民政府主席；在1954年9月召开的第一届全国人民代表大会上当选为中华人民共和国主席。

中华人民共和国成立以后，毛泽东领导全党和全国各族人民取得了社会主义革命和社会主义建设的伟大胜利。在中国革命的每一个重要阶段，毛泽东都写下了带有指导意义的重要文献，形成了完整的马克思列宁主义同中国实际相结合的思想体系——毛泽东思想。

1976 年 9 月 9 日，毛泽东因病在北京逝世，享年 83 岁。中共中央在悼词中称誉他为伟大的马克思主义者、伟大的无产阶级革命家、战略家和理论家、中国共产党和中国各族人民的领袖和导师。

毛泽东一家为革命牺牲了 6 位亲人，包括妻子杨开慧、长子毛岸英、大弟毛泽民、二弟毛泽覃、堂妹毛泽建、侄子毛楚雄。当毛岸英在朝鲜战场牺牲的消息传来，毛泽东在痛惜之余，说的第一句话是：“谁叫他是毛泽东的儿子呢？”一句话，既表达了一位父亲对儿子的深深眷恋，更彰显着共产党人的坚定信念和无私精神。我们的革命事业，正是因为有一批像毛泽东这样舍小家为大家、舍个人为大众的共产党人，才取得了一个又一个的胜利，创建了新中国。

延伸阅读：信仰的力量

革命战争年代，革命先烈在生死考验面前所以能够赴汤蹈火、视死如归，就是因为他们对崇高的理想坚贞不渝、矢志不移。毛泽东主席一家为革命牺牲了 6 位亲人，徐海东大将家族牺牲了 70 多人，贺龙元帅的宗亲中有名有姓的烈士就有 2050 人。

这些沉重的数字，诠释着什么是崇高，什么是信仰，诉说着什么才是共产党人的本色。

革命前辈们为什么能够无私无畏地英勇献身？就是为了实现崇高的革命理想，为了坚守崇高的政治信仰，为了在中国彻底推翻黑暗的旧制度，为了实现民族独立和人民解放。方志敏烈士在狱中写的《清贫》一文，表达了老一辈共产党人的爱和憎，回答了什么是真正的穷和富，什么是人生最大的快乐，什么是革命者的伟大信仰，人到底怎样活着才有价值，使人每次阅读都受到启示、受到教育、受到鼓舞。

信仰，是人类社会最美好的字眼，是 9700 多万共产党员安身立命的根本。党的十八大以来，习近平同志多次号召全体党员“坚守崇高信仰，练就金刚不坏之身”。

《人民日报》“人民论坛”栏目曾发表文章《信仰的味道》，提到陈望道潜心翻译《共产党宣言》，竟将墨汁当成红糖吃了而浑然不觉。习近平多次讲述党史上的这个感人故事，多次强调“理想信念就是共产党人精神上的‘钙’”，多次警醒人们“理想信念动摇是最危险的动摇，理想信念滑坡是最危险的滑坡”，就是要激励党员干部保持理想、坚守信仰。

5. 人民总理周恩来

周恩来（1898—1976），原籍浙江绍兴，1898 年 3 月 5 日生于江苏淮安。1921 年加入中国共产党，是伟大的马克思主义者，伟大的无产阶级革命家、政治家、军事家、外交家，党和国家主要领导人之一，中国人民解放军主要创建人之一，中华人民共和国的开国元勋，是以毛泽东同志为核心的党的第一代中央领导集体的重要成员。

▲ 周恩来

1976 年 1 月 8 日在北京逝世。他的逝世受到广大民众的悼念。由于他一贯勤奋工作，严于律己，关心群众，深受人民群众的爱戴，被人民群众称为“人民的好总理”。他为什么能赢得这样的称赞？这与他对党和人民的忠诚分不开，与他的坚定的革命信仰和坚守全心全意为人民服务的信念分不开。

在中国漫长的封建社会里，官被称为“大人”，如“知县大人”“知府大人”，百姓则被称为“小民”。尽管贤明的思想家和官员深知得民心者得天下的道理，但“小民”从未被放在主人的位置上。中国共产党是依靠人民、为人民谋幸福的党，政府工作人员是人民的公仆，都要为老百姓谋福祉。

周恩来认为，政府总理也就是人民的“总服务员”。他经常说：“我是总服务员。”他要求各级政府管理者要当好人民的服务员。他曾经从昆曲《十五贯》的内容联想到政府管理，提出要处理好“官”与民的关系。“我们国务院，人民群众要见我们，有的也难见。”“《十五贯》教育我们做‘官’的人，让我们想一想，是不是真正在为人民服务。”

1946 年 10 月，在纪念鲁迅逝世 10 周年时，周恩来指出：“对人民，我们要如对孺子一样地为他们做牛的。要诚诚恳恳、老老实实为人民服务。”“人民的世纪到了，所以应该像条牛一样，努力奋斗，团结一致，为人民服务而死。”中华人民共和国成立后，周恩来担任政府总理 26 年，实践了这一诺言。

“小”是“大”的基础，没有小就没有大。江海之所以能汇聚所有小河流，是因为它善居其下，有容乃大。周恩来的这一思想方法，反映了政府管理者“人民至上”的理念。

延伸阅读：周恩来的“约法三章”

周恩来一生兢兢业业为人民大众谋利益，无私伴随了他的一生。周恩来给自己和身边的工作人员早就“约法三章”，规定了“三不沾”：一是私人的事不坐公车，不沾国家的便宜；二是亲属来机关探亲，就餐自己买票，不沾集体的财富；三是不得以总理的名义接待或收受礼品，不沾机关和个人的利益。

周恩来还语重心长地对工作人员提出了“四个联系”的要求：“你们在这里工作，要懂得办任何事情都要跟我联系起来，要跟我的职务联系起来，要和政治影响联系起来，要把我和人民群众联系起来。”

不仅如此，周恩来与邓颖超还对亲戚晚辈严格要求，及早对他们进行“约法三章”，具体约定了“十条家规”：晚辈来一律住国务院招待所；晚辈不准丢下工作专程来看望他；不许动用公家的车子；不可说出与总理的关系；不许请客送礼；凡个人生活上能做的事，不要找别人代办；看戏以家属身份买票入场，不得用招待券；一律到食堂排队买饭菜，有工作的自己买饭菜票，没工作的由总理代付伙食费；生活要艰苦朴素；不谋私利，不搞特殊化。这十条家规是周恩来高尚品格的真实写照，也展示了共产党人处理家事与国事关系的崇高境界。

1951 年 6 月，周恩来因长期超负荷工作而病倒，在毛泽东的一再催促和亲自安排下，来到大连疗养。为了不给大连市添麻烦，周恩来“约法三章”，提出了“三不准”：一不准陪同，二不准看望，三不准安排活动。

1958 年 7 月，周恩来到广州新会视察。他叮嘱县委领导在安排其起居饮食方面朴素一点，不要使他与群众生活有距离，并与县委领导“约法三章”：一不要搞迎送，二不要多人跟，三不要公家请吃饭。

处处爱民的周恩来，连行路都要“约法三章”。周恩来对司机的要求十分严格，除了要司机必须遵守交通规则外，还另外规定了一个“约法三章”。他对司机说："车开到影剧院、医院、学校等附近时，不许按喇叭。这些地方是人们休息、学习和娱乐的场所，必须保持绝对的安静。"后来周恩来生病去医院，他不让司机把车开到病房区，而是自己提前下车步行到病房。

周恩来要求司机在车开到交叉道口时，必须减速行驶，慢慢通过。他说，你把车子开快了，会惊吓到群众。此外，周恩来还叮嘱说："在阴雨雪天行车时，如果车旁有行人或骑车的群众，不许开快车。这时车速一快，就难免把泥水溅到路旁行人身上，他们对着你的车骂娘还是小事，长此下去，我们的党与人民群众的关系就会越拉越远。"

6. 人民军队总司令朱德

▲ 朱德

朱德（1886—1976），1886年12月1日生于四川仪陇，1922年加入中国共产党，是伟大的马克思主义者，无产阶级革命家、政治家和军事家，中国共产党、中国人民解放军和中华人民共和国的主要缔造者和领导人之一。中华人民共和国十大元帅之首。

朱德生于贫苦农民家庭，早年加入滇军，参加了蔡锷领导的云南起义，成为滇军名将。后由于滇军内部斗争，朱德赴欧洲留学，结识周恩来并加入中国共产党。回国后，他参加了八一南昌起义。起义部队南下时，朱德任先遣军指挥。在主力攻打潮汕失败后，朱德率领的部队成为保存下来的革命火种。井冈山会师后，朱毛红军名扬天下，并在瑞金建立中央革命根据地，粉碎了国民党军的四次“围剿”。第五次反“围剿”中，由于“左”倾路线的错误，失去中央革命根据地，红军不得不进行长征。长征中，朱德为争取四方面军，三过雪山草地，终于带领二、四方面军到达陕北。抗战爆发后，朱德任八路军总司令，领导了平型关大捷、百团大战等著名战役。解放战争中，他与毛泽东一起指挥了三大战役和渡江战役。

中华人民共和国成立后，朱德先后担任中央人民政府副主席、中国人民解放军总司令、中华人民共和国副主席；在第二、第三、第四届全国人民代表大会上连续当选为全国人大常务委员会委员长。在 1956 年 9 月召开的中共八届一中全会上当选为中央政治局常委，并任中共中央副主席、中央军委副主席。

1976 年 7 月 6 日在北京逝世。他一生勤政为民、克勤克俭、作风民主、实事求是。

延伸阅读：朱德的“约法三章”

革命战争年代，朱德在江西瑞金时，曾经被编在中央军委机要科党小组过组织生活。他怕党小组长顾虑他是首长，把他当成“特殊党员”，便与党小组长“约法三章”：一是党小组过组织生活必须通知他；二是党小组给每个党员分配任务时必须有他；三是党小组长必须定期听他汇报思想情况。

新中国成立后，朱德虽然年事已高，但他不辞辛劳，经常深入基层倾听群众呼声，始终同人民群众保持着密切联系。从 1952 年到 1966 年，他先后深入到 27 个省、直辖市、自治区进行了 130 多次视察。其间，他 6 次到四川视察，但只回过家乡1次。

1960年3月9日，在省、地、县委领导的陪同下，朱德乘车从南充经蓬安、营山抵达仪陇，回到了阔别52年的故乡。在仪陇县马鞍中学时，正值学生吃晚饭，他径直走到食堂和寝室去查看，亲切地询问同学们：“一个月吃多少粗粮、细粮？零花钱多少？有没有补助？家里能供给吗？”

现场看到的情景和同学们欲言又止的回答，使朱德意识到情况不容乐观。他严肃地对陪同人员说：“娃娃们正是长身体的时候，读书又苦，费脑子，一定要想尽一切办法使生活补助到位。至于一些支农活动，我看繁重的就不必让孩子们参加了。饭都吃不饱，哪有劲啊！”接着，他又对仪陇县委领导说：“对于我的接待，一切从简。不喝酒，不抽烟，不吃肉，不给当地添麻烦。我是一个普通老兵，能吃上故乡的家常饭就高兴。”

当晚的餐桌上，全是青菜、豌豆尖、鱼腥草、红薯等，一点荤菜都没有。朱德吃得津津有味。他说：“几十年没吃过家乡的菜了，今天吃起来真香！”有人见他吃红薯不剥皮，说连皮吃不好消化。朱德笑着说：“我消化得了！过去一直是带皮吃的，丢了可惜。”

3月10日晚上，仪陇县委领导看到朱德在故乡吃的是家常饭，睡的是木板床，很过意不去，便准备了一餐较为丰盛的晚宴。朱德知道后，严肃地批评说：“在南充地委，我就提出回故乡的约法三章：一不要限制我的行动，我想上哪就去哪；二是我愿找哪个人谈话就找哪个人谈；三是饭菜自己点。我提的你们忘了吗？你们专门为我设宴，我吃得下去吗？”

朱德见县委的同志低着头，脸红一阵白一阵的很不好受，就变得和蔼起来，声音也放低了：“你们给我做些家乡饭，省钱又简便，我吃起来也高兴。”县委的同志见朱德批评严厉，说得中肯，只得撤下晚宴。朱德笑着点了菜：“我吃豆芽、菠菜、魔芋豆腐，外加一份侧尔根（即鱼腥草）。”作为老一辈革命家，朱德一生功勋卓著，回到故乡却能够“悄悄地来、静静地走”，不扰民，值得我们深思。

7. 南昌城头的第一枪

1927 年 8 月 1 日凌晨 2 点，南昌起义打响第一枪。

这既是中国共产党人武装反抗国民党反动派血腥屠杀的第一枪，也是中国共产党人独立领导革命战争、创建人民军队、武装夺取政权的第一枪。这是中国共产党历史上的一个伟大事件，是中国革命史上的一个伟大事件，也是中华民族发展史上的一个伟大事件。

1927 年 4 月，国民党中央监察委员会在上海召开会议，通过了“清党原则”，成立了“清党委员会”，开始大规模地清除共产党人。12 日，杜月笙等人组织流氓袭击工人纠察队，随后蒋介石以“工人内讧”为由，强行收缴工人纠察队的枪支，并打死打伤工人 300 多人。之后上海市的学生、市民上街游行，工人纷纷响应，举行罢工声讨。游行队伍在半路遭到蒋介石军队的血腥屠杀，无数人受伤流血乃至身亡。随后，蒋介

▼ 八一南昌起义

▲ 1927 年 4 月 12 日，上海各界群众 50 万人集会抗议蒋介石的暴行，会后举行了声势浩大的游行示威

石下令封闭上海总工会和一切革命团体，大肆捕杀共产党员和革命群众，全国陷入一片“白色恐怖”之中。

“四一二”反革命事变发生之后，国共关系越发紧张。1927 年 6 月，共产国际给中国共产党发来《五月指示》：实行土地革命，发展工农运动，加强国民党中央委员会中的左派力量（依靠工农力量革新国民党中央），组织革命法庭肃清反革命分子，等等。当时共产国际代表罗易出于对汪精卫的信任，将这个指示给他看了。汪精卫认为指示对国民党不利，于是决定在革命党内“分共”，抨击共产党“破坏革命”，免去政府机关内中共党员的职务。国共矛盾逐步激化。

共产党员被罢免职务后，充分吸取经验教训，认识到独立组建武装力量的重要性。当时中国共产党掌握的武装力量主要有三支，分别由贺龙、叶挺、朱德率领。1927 年 7 月 20 日，谭平山、李立三、邓中夏、叶挺、聂荣臻等人开会，决定以这批力量为基础发动南昌起义。

8 月 1 日凌晨 2 时，南昌起义的枪声打响，各路起义军按照预定计划向守敌发起攻击，占领南昌城。起义军首先成立了由周恩来、贺龙、叶挺、刘伯承等人组成的参谋团指挥军事行动，周恩来任党的前委书记。起义军宣布建立新的革命根据地，坚持革命的三民主义和联俄、联共、扶助农工的三大政策，扫除蒋介石、唐生智等新式军阀。之后，起义军相继撤离南昌，“决定挥师南下，夺取广州，再举北伐”。然而在此过程中，起义军遭到敌人围攻，损失惨重。中共中央指示主要起义领导人撤离部队，一部分部队由颜昌颐、董郎率领到海陆丰苏区；一部分则由朱德、陈毅率领进入湘赣粤边区开展游击战。

南昌起义打响了武装反抗国民党反动派的第一枪，标志着中国共产党独立领导革命战争、创建人民军队的开始，开启了中国革命新纪元。

延伸阅读：人民军队的创建

中国共产党人从中国社会和中国革命的特点出发，把创建新型人民军队作为中国革命的首要问题。

1926 年毛泽东在主办广州农民运动讲习所期间，就提出了建立农民武装的思想。1927 年 8 月在党的“八七会议”上，他又提出“枪杆子里面出政权”的论断，强调“全党要非常注意军事”，须知“政权是由枪杆子中取得的”。

大革命失败后，中国共产党在全国各地发动和领导了百余次武装起义。1927 年 8 月 1 日的南昌起义，标志着中国共产党独立领导武装斗争和创建新型人民军队的开始。毛泽东等领导参加秋收起义的工农革命军，经过“三湾改编”，特别是经过古田会议，为从根本上解决建设新型人民军队的一系列理论、路线和原则问题奠定了基础。中国工农红军、八路军、新四军以及中国人民解放军，就是在这些基本理论和原则的指导下不断发展和壮大起来的。中国人民在中国共产党的领导下，以人民军队为骨干，经过长期的革命战争和艰苦卓绝的斗争，推翻了帝国主义、封建主义和官僚资本主义的统治，取得了新民主主义革命的胜利，建立了中华人民共和国。中华人民共和国成立以后，又是依靠人民军队，战胜了外来势力的侵略、破坏和武装挑衅，维护了国家的独立和安全，保卫了社会主义现代化的建设，巩固了无产阶级专政的国家政权。中国民主革命和中华人民共和国成立以来的历史都证明：没有人民的军队，便没有人民的一切。

1933 年 7 月 11 日，中华苏维埃共和国临时中央政府根据中央革命军事委员会 6 月 30 日的建议，决定 8 月 1 日为中国工农红军成立纪念日。1949 年 6 月 15 日，中国人民革命军事委员会发布命令，以“八一”两字作为中国人民解放军军旗和军徽的主要标志。中华人民共和国成立后，将此纪念日改称为中国人民解放军建军节。

8. 秋收起义

秋收起义是毛泽东在湖南东部和江西西部领导的工农革命军（红军）举行的一次武装起义。1927 年 7 月 15 日，汪精卫控制下的武汉国民政府公开宣布“分共”，背叛了革命。中国共产党从此转入地下，轰轰烈烈的大革命失败了。1927 年 8 月 7 日，中国共产党在汉口召开紧急会议，史称“八七会议”，确定了开展土地革命和武装反抗国民党反动派的总方针，决定在群众基础较好的湘鄂粤赣四省发动农民举行秋收起义。

“八七会议”后，毛泽东受中共中央的委派，以中共中央特派员的身份前往长沙，领导湘赣边界的“秋收起义”。1927 年 8 月 18 日，改组后的湖南省委在长沙市郊的沈家大屋召开会议，讨论制订“秋收起义”的计划。毛泽东在会上着重阐述了“枪杆子里面出政权”的思想。会议决定与国民党彻底划清界限，旗帜鲜明地以中国共产党的名义号召群众，并决定集中力量在湘东、赣西发动以长沙为中心的武装起义。

9月9日，毛泽东在湖南东部和江西西部领导发动了“秋收起义”。这次起义是继南昌起义后，中国共产党领导的又一次著名的武装起义。这次起义不沿用国民革命军的番号，而将起义部队统一编为工农革命军第一军第一师，下辖三个团，参加起义的部队共约5000人。第一团从江西修水出发，向长寿街进攻，9月10日占领了平江县龙门厂。这时混入起义部队的邱国轩部乘机叛变。当第一团路过金坪攻打长寿街时，邱国轩率领部队发动突然袭击，致使该团腹背受敌，牺牲200多人，团长钟文璋失踪，部队被迫向浏阳转移。第三团于9月11日在铜鼓起义，占领了白沙镇，9月12日占领东门市。9月14日敌人兵分两路包围第三团，该团被迫向上坪撤退。第二团在安源起义后，进攻萍乡未克，西进攻占了老关、醴陵，又北进占领浏阳。由于部队麻痹轻敌，9月16日陷入敌人的包围中，部队被打散，部分人突围脱险，不少人牺牲。

▲ 秋收起义

鉴于三路起义部队均受挫，毛泽东当机立断改变了攻打长沙的计划，以前委书记的名义通知起义各部队到浏阳县文家市（今浏阳市文家市镇）集结。9月19日，各路起义部队到达集结地。当晚前敌委员会召开会议，根据敌强我弱的形势，改变攻打长沙的计划，决定保存实力，到敌人统治力量薄弱的农村中去坚持武装斗争，发展革命力量。9月20日上午，起义部队1500余人离开文家市向南进发。9月23日，起义部队在芦溪镇遭反动军队伏击，损失数百人，总指挥卢德铭牺牲。9月25日，起义部队冒雨攻克莲花县城。9月29日，起义部队到达永新县三湾村时已不足千人，而且官多兵少。部队思想混乱，组织纪律性差。当天晚上，毛泽东召开了前敌委员会，决定对部队进行整编，这就是著名的“三湾改编”。10月3日，起义部队离开三湾村，开始向井冈山进军。10月27日，起义部队到达罗霄山脉中段井冈山的茨坪，开创了中国共产党领导下的第一个农村革命根据地——井冈山革命根据地。

延伸阅读：黄洋界上炮声隆

黄洋界位于井冈山北面，海拔1300多米，山峰耸立，陡不可攀，是井冈山的险要哨口之一。黄洋界保卫战是第二次国内革命战争时期中国工农红军第四军保卫井冈山革命根据地的一次战斗。

1928年9月，黄洋界保卫战打响，井冈山军民在红军主力在外、敌军大举来犯的不利形势下，以3个营的兵力对抗敌军4个团进攻，成功地保卫了革命根据地的安全，一举击溃了来犯敌军，创下了土地革命战争中以少胜多的经典战例，获得人民战争的宝贵经验。

1928年7月，中国工农红军第四军主力在湘南行动受挫后转移到桂东。红四军前委书记毛泽东率领第三十一团第三营由井冈山赴桂东接应主力，第三十二团和第三十一团第一营留守井冈山。

1928年8月中旬，国民党湘军和赣军共五个团，准备对井冈山革命根据地进行第二次“会剿”。红四军第三十一团团长朱云卿、党代表何挺颖等得悉敌人即将进攻的消息，在赤卫队和人民群众的支援下，组织部队利用山险，设置竹钉，构筑工事，进行作战准备。

1928 年 8 月下旬，湘赣敌军以 4 个团向井冈山进犯，妄图乘虚摧毁井冈山革命根据地。朱云卿和何挺颖在大井召开由地方负责同志和连以上干部参加的紧急会议，说明坚守井冈山的重要意义和战胜敌人的有利条件，提出誓死坚守井冈山，与“大小五井共存亡”的战斗口号。

8 月 30 日凌晨，浓雾封山。8 时许，浓雾渐散，敌人开始进攻。因为山路狭窄陡峭，两侧又设置了竹钉，敌人兵力难以展开，只能一个一个往上爬。待他们进入有效射程时，朱云卿一声令下，红军的各种火器一齐开火，礌石滚木像倾泻的山洪，从山顶一直砸到山下。敌人躲闪不及，伤亡惨重，丢下大批死尸退了下去。接着四个团的敌人又组织了两次冲锋，都被红军打得落花流水。下午，敌人孤注一掷，在集中全部火炮向

▼ 黄洋界保卫战

黄洋界轰击的同时，又一次发起冲击。在这关键时刻，朱云卿把放在留守处修理的一门迫击炮调到前沿阵地助战。一颗炮弹正好击中敌军指挥所，当即炸死炸伤十多人，敌军团长陈纪良亦受重伤。这时，红军阵地上吹响了冲锋号，各山头的革命群众一边放假机关枪（铁桶里放爆竹），一边用礌石滚木向敌群砸去。敌指挥官以为是红军大队回来了，当夜仓皇遁逃。朱云卿率部奋起追击，边界各县地方武装也纷纷出动。待敌军逃回茶陵时，沿途又留下数百尸体和伤员。

为此，毛泽东采用描写与叙述的方法，创作了记叙这次战斗胜利的一首词：

西江月·井冈山

山下旌旗在望，
山头鼓角相闻。
敌军围困万千重，
我自岿然不动。
早已森严壁垒，
更加众志成城。
黄洋界上炮声隆，
报道敌军宵遁。

延伸阅读：井冈山精神

作为我们党在革命斗争的艰苦岁月中形成的伟大精神，井冈山精神集中反映了我们党的优良传统和作风，其中有着极为丰富、深邃的内涵。

坚定信念、艰苦奋斗，是井冈山精神的灵魂。大革命失败后，井冈山革命斗争靠什么燃起“工农武装割据”的燎原之火、照亮中国革命前程？靠的就是共产党人对中国革命光明未来的坚定信念和不懈追求。正是因为有了崇高理想信念，才会产生在艰难困苦环境中战胜一切困难的超凡勇气，产生在战场上冲锋陷阵、英勇杀敌的顽强斗志，产生在敌人屠刀下慷慨就义、视死如归的英雄气概，才能经受住血雨腥风的洗礼和考验。

实事求是、敢闯新路，是井冈山精神的核心。井冈山斗争始于革命低潮时期。在这一历史关键时刻，我们党坚持实事求是、调查研究，把马克思主义基本原理同中国革命具体实践相结合，以大无畏的革命胆识，开创了以农村包围城市、武装夺取政权的中国革命独特道路，创造性地制定了党领导军队的一系列组织制度和纪律，引领中国革命不断走向胜利。

依靠群众、勇于胜利，是井冈山精神的基石。在井冈山革命斗争中，毛泽东同志、朱德同志等党和红军领导人身先士卒、以身作则，带领井冈山军民克服种种困难艰险，打破重重包围封锁；我们党始终相信和依靠群众，关心和帮助群众，同广大人民群众结下了鱼水深情。正是因为我们党始终代表最广大人民的根本利益，与广大人民群众保持着血肉联系，才赢得广大人民群众的拥护和支持，从而使井冈山革命根据地得到巩固和扩大。

9. 九一八事变与歌曲《松花江上》

九一八事变是指 1931 年 9 月 18 日日本在中国东北蓄意制造的一次恶性事件，是日本帝国主义侵华的开端。

1931 年 9 月 18 日傍晚，日本关东军虎石台独立守备队第二营第三连离开原驻地虎石台兵营，沿南满铁路向南行进。22时20分左右，日本关东军铁路守备队以柳条湖分遣队队长河本末守中尉为首的一个小分队以巡视铁路为名，在奉天（现沈阳）北面约7.5千米，离东北军驻地北大营800米处的柳条湖南满铁路段上炸毁了小段铁路，并将3具身穿东北军士兵军装的中国人尸体放在现场，作为东北军破坏铁路的证据，诬称中国军队破坏铁路并袭击日守备队。

与此同时，待在铁路爆破点以北约4千米的文官屯的日军由川岛中队长率领南下，袭击北大营；驻扎中方北大营附近和沈阳城的日军兵分南北两路，向中国军队驻地北大营进攻。

19日，日军侵占沈阳，又陆续侵占了东三省。1932年2月，东北全境沦陷。日本在中国东北建立了伪满洲国傀儡政权，开始了对东北人民长达14年之久的奴役和殖民统治。

《松花江上》是1935年由毕业于北平艺专、以教员身份开展抗日宣传工作的中共党员张寒晖在西安目睹东北人民流亡惨状而创作的一首抗日歌曲。歌曲唱出了九一八事变后东北民众乃至中国人民的悲愤情怀，被誉为“流亡三部曲”之一，风靡中华大地。

▲ 勿忘国耻“九一八”

2015年8月26日，国家广播电视总局发布“我最喜爱的十大抗战歌曲”网络投票结果，《松花江上》是入选的10首歌曲之一。

《松花江上》歌词

作词：张寒晖

我的家在东北松花江上，
那里有森林煤矿，
还有那满山遍野的大豆高粱。
我的家在东北松花江上，
那里有我的同胞，
还有那衰老的爹娘。
九一八，九一八，
从那个悲惨的时候！
九一八，九一八，
从那个悲惨的时候，
脱离了我的家乡，
抛弃那无尽的宝藏，
流浪！流浪！
整日价在关内，流浪！
哪年，哪月，
才能够回到我那可爱的故乡？
哪年，哪月，
才能够收回那无尽的宝藏？！
爹娘啊，爹娘啊，
什么时候，
才能欢聚一堂？！

延伸阅读：亲历者讲述南京大屠杀

抗日战争期间，国民党军队在南京保卫战中失利，南京于1937年12月13日（学术界认为是12月5日）沦陷后，侵华日军在日本华中派遣军司令松井石根和第6师团长谷寿夫的指挥下，在南京及其附近地区进行了长达6周的有组织、有计划的大屠杀和奸淫、放火、抢劫行为，其血腥暴行令人发指。在南京大屠杀中，大量平民及战俘被日军杀害，无数家庭支离破碎，遇难人数超过30万。

侵华日军南京大屠杀过去了80多年，如今登记在册、健在的幸存者已不到百人。他们中的许多人像90岁的幸存者常志强一样，年事已高。

当年，常志强一家八口在逃往难民区途中遭遇日本兵。子弹呼啸而至，父亲当即中弹身亡，母亲则被一刺刀戳倒……“我母亲跌下来了，夹着我的小弟还没有放松，撑着又站起来，鬼子又戳了两刀。我弟弟就掉在地下哇哇地哭。鬼子就把刺刀照我弟弟屁股上头一挑，摔得老远。另外三个弟弟，分别只有四岁、六岁和八岁，也一个个地被日本兵夺去了生命。”

常志强沦为孤儿，靠邻里的施舍才活下来。他说：“我们家从来就没有清明节，别人家都忙着烧纸祭祖，我们家的孩子就看着很稀奇。”常志强的小女儿常晓梅说，哥哥、姐姐跟她一样，除了知道“被日本鬼子杀了一家七口人”，其他一概不知。

南京大屠杀是侵华日军公然违反国际公约和人类基本道德准则，在侵华战争期间无数暴行中最突出、最有代表性的一例。南京大屠杀期间，《新华日报》及美国《纽约时报》等中外媒体，均对南京大屠杀进行了大量的揭露。

战后，中国国民政府对南京大屠杀暴行进行了广泛调查。

▲ 中华人民共和国第十二届全国人大常委会第七次会议全票通过决定，将 12 月 13 日确定为南京大屠杀死难者国家公祭日。图为 2016 年 12 月 13 日南京大屠杀死难者国家公祭仪式现场

南京审判战犯军事法庭经调查判定，日军集体屠杀有 28 案，屠杀人数 19 万余人；零散屠杀有 858 案，死亡人数 15 万余人。总计死亡人数达 30 多万，是惨绝人寰的特大惨案。2014 年 12 月 13 日是国家设立的首个南京大屠杀死难者国家公祭日，中共中央、国务院在南京大屠杀遇难同胞纪念馆举行首次南京大屠杀死难者国家公祭仪式。中共中央总书记、国家主席、中央军委主席习近平出席了仪式。2015 年 10 月 9 日，《南京大屠杀史档案》正式列入《世界记忆名录》。

10. 中国战争史上的奇迹——二万五千里长征

1934年9月上旬，国民党军队加紧对中央革命根据地腹地发动进攻，红军已无在原地扭转战局的可能。10月，中共中央、中革军委率中央红军主力8.6万多人，踏上战略转移的漫漫征程，开始了世界历史上前所未有的壮举。

原来推行“左”倾错误的中央领导人，在实行这次突围和战略转移的时候，又犯了退却中的逃跑主义错误，并且把战略转移变成搬家式的行动，随军带上印刷机器、军工机器等笨重的器材。全军8万多人在山中羊肠小道上行进，拥挤不堪，常常是一夜只过一个山坳。

国民党“追剿”军达16个师、77个团，布置了四道封锁线。在突破第四道封锁线湘江时，红军在国民党湘军和桂军夹击下，付出了极大牺牲。当时担负掩护任务的红三十四师已不足1000人，成为一支身陷重围、无法过江的孤军。被阻在湘江东岸的红三十四师、红三军团第十八团，最后弹尽粮绝，大部英勇就义。渡过湘江后，中央红军从长征出发时的8.6万多人锐减到3万多人。

湘江战役后，党内对中央红军的前进方向，一直进行着激烈的争论。1934年12月，中央政治局在贵州黎平举行会议，根据毛泽东的建议，通过决议，放弃到湘西北同红二、红六军团会合的计划，改向贵州北部进军。1935年1月7日，红军攻克黔北重镇遵义。一个决定党和红军命运的转折点正在到来。

延伸阅读：长征精神

长征的胜利，极大地促进了党在政治上和思想上的成熟。

红军的长征是以我们的胜利和敌人的失败而结束的，充分展示了中国共产党性质和宗旨的力量，宣传了党的主张，播撒下革命的火种，扩大了党和红军的影响。红军在行军途中得到了人民群众的热情支持。行进到湖南汝城县沙洲村时，三名女红军借宿徐解秀老人家中，临走时，把自己仅有的一床被子剪下一半给老人留下了。老人说，什么是共产党？共产党就是自己有一条被子，也要剪下半条给老百姓的人。“半条被子”的故事让人民群众认识了共产党，把党当成自己人。

长征的胜利，是中国革命转危为安的关键。毛泽东曾形象地指出：“长征是历史纪录上的第一次，长征是宣言书，长征是宣传队，长征是播种机。”它宣告了国民党反动派消灭中国共产党和红军的图谋彻底失败，宣告了中国共产党和红军肩负着民族希望胜利实现了北上抗日的战略转移，实现了中国共产党和中国革命事业从挫折走向胜利的伟大转折，开启了中国共产党为实现民族独立、人民解放而斗争的新的伟大进军。长征后保存下来的红军人数虽然不多，但这是党极为宝贵的精华，构成以后领导全民族抗日战争和人民解放战争的骨干。

长征铸就了伟大的长征精神。这就是：把全国人民和中华民族的根本利益看得高于一切，坚定革命的理想和信念，坚信正义事业必然胜利的精神；为了救国救民，不怕任何艰难险阻，不惜付出一切牺牲的精神；坚持独立自主、实事求是，一切从实际出发的精神；顾全大局、严守纪律、紧密团结的精神；紧紧依靠人民群众，同人民群众生死相依、患难与共、艰苦奋斗的精神。长征精神为中国革命不断从胜利走向胜利提供了强大的精神动力。

11. 实现伟大转折的遵义会议

1935年1月，党中央在贵州遵义召开政治局扩大会议，集中解决当时具有决定意义的军事和组织问题。会议增选毛泽东为中央政治局常委，委托张闻天起草《中央关于反对敌人五次“围剿”的总结的决议》，取消长征前成立的“三人团”。会后不久，在向云南扎西地区进军途中，中央政治局常委决定由张闻天代替博古负总的责任，毛泽东为周恩来在军事指挥上的帮助者，后成立由毛泽东、周恩来、王稼祥组成的三人小组，负责全军的军事行动。

遵义会议是党的历史上一个生死攸关的转折点。这次会议在红军第五次反“围剿”失败和长征初期严重受挫的历史关头召开，事实上确立了毛泽东在党中央和红军的领导地位，开始确立了以毛泽东为主要代表的马克思主义正确路线在党中央的领导地位，开始形成以毛泽东为核心的第一代中央领导集体，开启了党独立自主解决中国革命实际问题的新阶段，在最危急关头挽救了党、挽救了红军、挽救了中国革命。遵义会议的鲜明特点是坚持真理、修正错误，确立党中央的正确领导，创造性地制定和实施符合中国革命特点的战略策略。

遵义会议后，中央红军在毛泽东等指挥下，根据实际情况的变化，灵活变换作战方向，迂回穿插于敌人重兵之间。从1935年1月末到3月下旬，红军四渡赤水。3月下旬，南渡乌江，佯攻贵阳。正在贵阳督战的蒋介石急调滇军前来增援。滇军一被调出，红军立刻大踏步奔袭云南，兵锋直逼昆明。云南当局急调兵力固守昆明，削弱了金沙江防务。红军又突然掉头

▲ 遵义会议会址

向北，于5月上旬渡过金沙江。

至此，中央红军摆脱几十万国民党军队的围追堵截，粉碎了蒋介石围歼红军于川黔滇边境的计划，取得了战略转移中具有决定意义的胜利。这一胜利，是在改换了中央军事领导之后取得的，充分显示了毛泽东高超的军事指挥艺术。

延伸阅读：四渡赤水、强渡大渡河、飞夺泸定桥

1935年的遵义会议确立了毛泽东在党和红军中的领导地位。从此，中央红军一改长征初期被动挨打的局面，面对占绝对优势的敌军，或避其锋芒，或主动出击，四渡赤水、巧夺金沙江、强渡大渡河、飞夺泸定桥……一幕幕精彩绝伦的活剧体现了毛泽东高超的指挥艺术和广大红军将士大无畏的英雄气概。红军最终摆脱了几十万国民党军的围追堵截，为与红四方面军胜利会师奠定了坚实基础。

四渡赤水：四渡赤水战役是遵义会议之后，中央红军在长征途中，在国民党几十万重兵围追堵截的凶险处境中，进行的一次决定性运动战。1935年1月19日至1935年3月22日，在毛泽东、周恩来、朱德等人的指挥下，中央红军采取高度机动的运动战方针，3个月的时间6次穿越三条河流，四

▲ 四渡赤水

▲ 强渡大渡河

▲ 飞夺泸定桥

渡赤水，转战川、贵、滇三省，积极寻找战机歼灭敌人，彻底粉碎了蒋介石企图围歼红军于川黔滇边境的狂妄计划，取得了战略转移中具有决定性意义的胜利。

强渡大渡河：1935 年 5 月中国工农红军在四川省越西县（今属四川省石棉县）安顺场渡过大渡河的战斗，这次战役在中国革命战争史上写下了光辉的一页。中国酒泉卫星发射中心首任司令员孙继先中将在长征中是红一军团红一师红一团一营营长。他亲自挑选并带领 17 名勇士强渡大渡河，在被敌人视为插翅难飞的天险防线上，打开一个缺口，为中央红军北上开辟了一条通道。

飞夺泸定桥：这是中国工农红军长征中的一场战役，发生于 1935 年 5 月 29 日。中央红军部队在四川省中西部强渡大渡河成功后，沿大渡河东岸北上，主力由安顺场沿大渡河右岸北上。红四团官兵冒着大雨在崎岖陡峭的山路上跑步前进，一昼夜奔袭120千米，于5月29日凌晨6时按时到达泸定桥西岸。第二连连长和22名突击队员迎着枪林弹雨攀着铁索夺下桥头，与东岸部队合力抢占了泸定桥。

12. 方志敏与《可爱的中国》

方志敏（1899—1935），江西弋阳县人，1899年8月21日生于一个农民家庭。他是伟大的无产阶级革命家、军事家，杰出的农民运动领袖，中国共产党早期领导人之一，土地革命战争时期赣东北和闽浙赣革命根据地的创建人。1928年1月，参与领导弋横暴动，创建赣东北苏区。先后任赣东北省、闽浙赣省苏维埃政府主席，红十军、红十一军政治委员，中共闽浙赣省委书记等职。1934年率部北上抗日，被国民党军逮捕入狱。被捕那天，两个国民党士兵搜遍方志敏全身，除了一块手表和一支钢笔，只有两个铜板。敌兵不相信，堂堂共产党领导，竟如此穷酸。正如方志敏所说："清贫、洁白朴素的生活，正是我们革命者能够战胜许多困难的地方。"

1935年8月6日，方志敏在江西南昌下沙窝英勇就义，年仅36岁。遗骨现安葬于南昌市郊梅岭。在狱中，他受尽酷刑，写下了《可爱的中国》《清贫》等文章。《可爱的中国》曾由鲁迅先生代为保存，中华人民共和国成立后得以公开发表。

《可爱的中国》是方志敏的著名散文，1935年写于狱中。作者以亲身经历概括了中国从五四运动到第二次国内革命战争时期的悲惨历史，愤怒地控诉了帝国主义肆意欺侮中国人民的罪行。他满怀爱国主义激情，把祖国比喻为"生育我们的母亲"，而汉奸军阀则帮助恶魔杀害自己的母亲。作者疾呼：

▲ 方志敏烈士（中）

“母亲快要死去了”“救救母亲呀”！他指出挽救祖国的“唯一出路”就是进行武装斗争，“中国是有自救的力量的”，坚信中华民族必能从战斗中获救。篇末展示中国革命的光明前景，描绘祖国未来的美好景象，表现了他的爱国情怀和强烈的民族自信心。

延伸阅读：100位为新中国成立做出突出贡献的英雄模范人物

为推动群众性爱国主义教育活动的深入开展，经党中央批准，中央宣传部、中央组织部、中央统战部、全国总工会、共青团中央、全国妇联等11个部门于2012年8月10日联合组织评选“100位为新中国成立做出突出贡献的英雄模范人物”，时间限定在从中国共产党诞生到中华人民共和国成立，即1921—1949年。

按首字笔画排序：

（1） 八女投江——同侵略者血战到底

（2） 于化虎——胶东民兵英雄

（3） 小叶丹——与红军彝海结盟

（4） 马本斋——英雄的回民支队司令员

（5） 马立训——威震敌胆的“爆破大王”

（6） 方志敏——爱国主义的楷模

（7） 毛泽民——发展苏区经济事业的卓越领导人

（8） 毛泽覃——英勇善战的红军指挥员

（9） 王尔琢——井冈骁将

（10）王尽美——齐鲁英杰
（11）王克勤——爱兵模范　杀敌英雄
（12）王若飞——一切要为人民打算
（13）邓萍——遵义城下洒热血
（14）邓中夏——中国工人运动的杰出领袖
（15）邓恩铭——齐鲁大地的先锋战士
（16）韦拔群——广西农民运动的先驱
（17）冯平——琼崖革命的先驱
（18）卢德铭——秋收起义年轻的总指挥
（19）叶挺——人民解放军的创建者、杰出的军事家
（20）叶成焕——血染抗日战场的虎将
（21）左权——杰出的军事家
（22）白求恩——伟大的国际主义战士
（23）任常伦——胶东抗日英雄
（24）关向应——忠心耿耿为党为国的红二方面军政委
（25）刘老庄连——82 名勇士用生命铸就丰碑
（26）刘伯坚——生是为中国　死是为中国
（27）刘志丹——群众领袖、民族英雄
（28）刘胡兰——生的伟大　死的光荣
（29）吉鸿昌——丹心碧血沃中华
（30）向警予——中国妇女运动的先驱
（31）寻淮洲——红军最年轻的将领
（32）戎冠秀——抗日烽火中的伟大母亲
（33）朱瑞——人民炮兵的奠基者
（34）江上青——救亡图存　团结抗战
（35）江竹筠——化作红梅映山红
（36）许继慎——英勇善战的红军将领
（37）阮啸仙——中国审计事业的奠基者

(38) 何叔衡——可当大局的秀才
(39) 佟麟阁——血染卢沟写忠烈
(40) 吴运铎——把一切献给党
(41) 吴焕先——骁将英名留陕甘
(42) 张太雷——击碎旧世界的惊雷
(43) 张自忠——以身殉国的抗战名将
(44) 张学良——中华民族千古功臣
(45) 张思德——为人民服务的楷模
(46) 旷继勋——壮志不渝励后人
(47) 李白——让红色电波永不消逝的人
(48) 李林——华侨抗日女英雄
(49) 李大钊——中国共产主义运动的先驱
(50) 李公朴——伟大的民主战士
(51) 李兆麟——创建东北抗日联军的英豪
(52) 李硕勋——忠贞不渝的共产主义战士
(53) 杨殷——从盐务师爷到革命先驱
(54) 杨子荣——特级侦察英雄
(55) 杨开慧——温婉骄杨　英雄女杰
(56) 杨虎城——著名抗日爱国将领
(57) 杨靖宇——抗日名将
(58) 杨闇公——巴山蜀水闹革命
(59) 萧楚女——“蜡烛精神”写人生
(60) 苏兆征——工人运动的领袖
(61) 邹韬奋——以犀利之笔为人民大众服务
(62) 陈延年——忠诚的马克思主义者
(63) 陈树湘——血染湘江的红军将领
(64) 陈嘉庚——爱国华侨领袖
(65) 陈潭秋——楚山英雄天山魂

（66）冼星海——人民音乐家
（67）周文雍、陈铁军夫妇——刑场上的婚礼
（68）周逸群——湘鄂西苏区的创建人之一
（69）明德英——沂蒙红嫂
（70）林祥谦——二七大罢工的领袖
（71）罗亦农——中国共产党早期的重要领导人
（72）罗忠毅——苏南抗日名将
（73）罗炳辉——从奴隶到将军
（74）郑律成——军歌永远嘹亮
（75）恽代英——中国青年的楷模
（76）段德昌——洪湖革命根据地的常胜将军
（77）贺英——有勇有谋的巾帼英雄
（78）赵一曼——甘将热血沃中华
（79）赵世炎——中国共产党早期杰出的革命家
（80）赵尚志——白山黑水驱倭寇
（81）赵博生——宁都起义的领导者
（82）赵登禹——第一位抗日战死的师长
（83）闻一多——正气长存的民主斗士
（84）埃德加·斯诺——中国人民的美国朋友
（85）夏明翰——为真理而凛然献身
（86）格里戈里·库里申科——为中国抗战而牺牲的苏联勇士
（87）狼牙山五壮士——浩气长存
（88）聂耳——人民音乐家
（89）郭俊卿——现代花木兰
（90）钱壮飞——隐蔽战线的无名英雄
（91）黄公略——中国工农红军的杰出将领
（92）彭湃——中国农民运动的领袖
（93）彭雪枫——文武兼备　一代英才

（94）董存瑞——舍身炸碉堡的英雄
（95）董振堂——高台战役中壮烈献身
（96）谢子长——陕北红军和革命根据地的创建者
（97）鲁迅——左翼文化运动的旗手
（98）蔡和森——中国共产党早期的卓越领导人
（99）戴安澜——以死报国的抗日名将
（100）瞿秋白——伟大的马克思主义者

13. 延安岁月

延安位于陕西省北部，地处黄河中游黄土高原的中南地区，是中国革命的落脚点和出发点。1935 年 10 月，中共中央率领中央红军经过艰苦卓绝的二万五千里长征，胜利到达吴起镇。之后，延安成为中国革命的中心。党中央和毛泽东主席等领导人在这里生活和战斗了 13 年之久，领导中国革命力量逐步由弱变强，取得了新民主主义革命的胜利。

1935 年 12 月 17 日，刚到陕北不久，中共中央就在延安子长县的瓦窑堡召开了一次重要的政治局扩大会议，这就是著名的瓦窑堡会议。日本帝国主义侵略者发动九一八事变后，加紧了对中国华北的侵略。中华民族面临空前的民族危机，民族矛盾已经上升为主要矛盾，中国人民掀起了抗日救亡运动的高潮。为了适应新的革命形势，中国共产党决定将革命任务从土地革命战争转到为争取民族独立的民族革命战争上来。12 月 25 日，会议通过了《中共中央关于目前政治形势与党的任务的决议》，正确分析了华北事变后国内阶级关系的新变化，指出日本帝国主义是中国目前最大的敌人，党要纠正“左”倾关门主义，要发动、团结和组织全中国和全民族一切革命力量反对日本帝国主义。

1936年6月，为应对即将到来的抗日战争，中共中央决定在瓦窑堡中国抗日红军大学（后改名为中国人民抗日军事政治大学）培养工农红军的高级干部和军事人才，吸引从全国各地投奔延安的爱国青年，为中国革命储备、输送军政人才。

抗日战争期间，中共中央在延安领导人民军队深入敌后，放手发动群众，开展了形式多样的抗日游击战，同时组织军民开展大生产运动，发展经济，为抗日前线服务。三五九旅在南泥湾的垦荒活动就是延安大生产运动中的典型。

1945年4月23日至6月11日，中国共产党第七次全国代表大会在延安杨家岭召开。在此次会议上，毛泽东作了《论联合政府》的政治报告，提出要在党的领导下彻底打败日本侵略者，解放全国人民，建立一个新民主主义的中国，为中国革命指明了方向。

▼ 革命圣地延安

1948年，是国共战场形势大转折的一年。随着我军频频取得胜利，打败国民党集团已成定局。为了适应新的形势，1948年5月，毛泽东等中央领导人将党中央机关从延安转移到河北西柏坡，告别了生活战斗13个春秋的陕北根据地。虽然延安作为中国革命指挥中心的历史结束了，但“巍巍宝塔山，滚滚延河水”永远是后人怀念和歌颂的革命圣地。

延伸阅读：“延安精神”世代相传

革命圣地延安，是红军长征胜利后的落脚点，也是建立抗日民族统一战线、赢得抗日战争胜利，进而夺取全国胜利的解放战争的出发地。从1935年到1948年，毛泽东等老一辈无产阶级革命家在这里生活和战斗了13个春秋。他们领导和指挥了决定中国命运的抗日战争和解放战争，奠定了中华人民共和国的基石，培育了永放光芒的“延安精神”。

“延安精神”的主要内容是，坚定正确的政治方向，解放思想、实事求是的思想路线，全心全意为人民服务的根本宗旨，自力更生、艰苦奋斗的创业精神。

在延安简陋的窑洞里，诞生了中国共产党集体智慧的结晶——伟大的毛泽东思想。革命选择了延安，延安孕育了革命，哺育了伟大的“延安精神”。

位于延安市的南泥湾，是“延安精神”的发源地，也是中国农垦事业的发源地。1941年3月，八路军三五九旅在南泥湾开展了著名的大生产运动，开荒种地，战胜重重困难。广大官兵用自己的双手和汗水，将荒凉的南泥湾变成了牛羊满川、麦浪起伏的陕北江南，有效保障了部队和边区的供给，为抗战胜利奠定了物质基础。

14. 震惊中外的西安事变

1936 年 12 月 12 日，张学良、杨虎城为了迫使蒋介石停止内战、联共抗日而发动“兵谏”，扣留蒋介石，并通电全国。这就是震惊中外的西安事变。12 月 17 日，中共中央确定了和平解决西安事变的基本方针。蒋介石被迫表示停止“剿共”，联合红军抗日。西安事变的和平解决，使十年内战得以结束，创造了第二次国共合作的条件和全民抗战的前提。事实上，西安事变也是之前中共提出的“逼蒋抗日”方针的一次成功实践。

华北事变发生后，日本步步紧逼，民族矛盾进一步上升为中华民族的主要矛盾。中共中央审时度势，认为不应继续讨蒋，应该在停止内战的旗帜下一致抗日。1936 年 5 月 5 日，中共中央发表《停战议和一致抗日通电》，不再称蒋介石为卖国贼，而称为“蒋介石氏”。9 月 1 日，中共中央又向党内发出《关于逼蒋抗日问题的指示》，明确提出“我们的总方针应是逼蒋抗日”。

蒋介石坚持“攘外必先安内”，先剿灭共产党，然后再抗日。1936 年 10 月，蒋介石亲赴西安，逼迫张学良、杨虎城率部“剿共”。12 月 4 日，蒋介石再次来到西安，对张、杨下达最后通牒：要么剿共，要么调离。张学良、杨虎城出于民族大义，不愿与红军开战，连续几天，反复劝说蒋介石接受抗日主张，但遭到蒋介石的拒绝。张、杨二人感到除发动“兵谏”以外别无他法。

12 月 12 日凌晨，东北军一部包围华清池扣留了蒋介石，第十七路军同时控制了西安全城，囚禁了从南京来的几十名国民党军政要员。凌晨寅时，张学良电告中共中央：“蒋之反革命面目已毕现。吾等为中华民族及抗日前途利益计，不顾一切，今已将蒋及其重要将领陈诚、朱绍良、蒋鼎文、卫立煌等扣留，迫其释放爱国分子，改组联合政府。兄等有何高见，速复。”

▲ 西安事变发生后西安各界民众游行，拥护张学良、杨虎城联合抗日的爱国行动

接到张学良的电报后，毛泽东和周恩来立即复电，表示拟派周恩来前往西安商量大计。12 月 17 日，周恩来飞抵西安，与张学良商谈解决方案，商定了与南京谈判的五项条件。12 月 19 日，中共中央确定了和平解决西安事变的基本方针。12 月 23 日，张学良、杨虎城同南京方面代表宋美龄、宋子文进行谈判，周恩来也参加了谈判。两天后，双方达成放蒋的六项条件，其中包括改组国民党和国民政府，驱逐亲日派，释放上海爱国领袖；停止“剿共”政策，联合红军抗日等。24 日，周恩来会见蒋介石，蒋介石表示同意谈判议定的六项条件。次日，张学良陪同蒋介石离开西安。

西安事变的和平解决，迫使国民党放弃了“攘外必先安

◀ 西安事变纪念馆

内”的错误方针，结束了长达十年的国共内战，为几个月后国共联合抗战创造了条件。西安事变是中国由国内战争走向全国抗日战争的转折点，也是中华民族命运的转折点。

延伸阅读：爱国将领张学良与杨虎城

张学良（1901—2001），辽宁省盘锦市大洼县（今大洼区）人，1901 年 4 月出生于辽宁省鞍山市台安县，奉系军阀首领张作霖的长子，国民党陆军一级上将。西安事变的策划者之一，中国近代著名爱国将领。

1919 年 3 月，张学良入东三省陆军讲武堂第一期炮科学习，毕业后历任奉军营、团、旅、师、军、军团长、空军司令等职。1928 年 6 月，其父被日本关东军炸死后，由奉系元老推为首领，出任东三省保安总司令。12 月，不顾日本和亲日派的阻挠，宣布东北“易帜”，服从南京国民政府，任东北边防军司令长官等职。1930 年 10 月任中华民国陆海空军副司令。

1931 年九一八事变，张学良执行蒋介石的不抵抗命令，使日军很快侵占东三省。1933 年 3 月，热河省（今并入辽宁、河北、内蒙古）沦陷后，蒋介石、张学良受到全国舆论谴责，张学良代蒋介石受过辞职。

1934 年 2 月，张学良任豫鄂皖三省“剿总”副司令。1935 年 3 月任武昌行营主任，10 月，兼任西北“剿总”副总司令。此时，日本侵华日亟，南京国民党政府一再妥协，中共中央发表《为抗日救国告全体同胞书》（简称“八一宣言”），全国人民要求停止内战一致抗日的呼声日益高涨。张学良面对既不能抗日复土，“围剿”红军又屡遭失败的严峻现实，逐渐对蒋“攘外必先安内”的反动政策有所觉悟，经中国共产党人和进步人士的帮助，他坚信联共抗日是唯一出路。

1936 年 4 月，张学良与周恩来在陕西延安会谈，提出联蒋抗日，达成与红军停止内战、共同抗日的协议。10 月，毛泽东、周恩来致书张学良，请其向蒋介石转达互派代表谈判停止内战、共同抗日的信息。张学良多次劝蒋介石联共抗日，并请缨抗战，均遭拒绝。12 月 4 日，蒋介石到西安督战，张学良与西安绥靖主任、第十七路军总指挥杨虎城共同面谏，遭到训斥。蒋介石令张学良、杨虎城进攻陕北红军，否则将其所部分别调往福建、安徽。张学良、杨虎城为逼蒋介石抗日，于 12 日晨发动西安事变，扣留了蒋介石，通电全国，提出抗日八项主张，同时致电中共中央。17 日，以周恩来为首的中共代表团到西安。周恩来、张学良、杨虎城协商和平解决西安事变，并同蒋介石的代表宋美龄、宋子文谈判达成停止“剿共”政策等六项协议，为实现第二次国共合作，走向全国抗战奠定了基础。25 日，张学良没有通知周恩来就陪同蒋介石回了南京。蒋介石一到南京便立刻扣押了张学良，长期软禁，先后囚于浙、赣、湘、黔等地。

1988 年蒋经国去世后，张学良逐渐获得人身自由。1993 年 4 月受聘为东北大学名誉校长，5 月受聘为哈尔滨工业大学名誉理事长。1995 年离台，侨居美国夏威夷。2001 年 10 月 15 日在美国病逝，享年 101 岁。

杨虎城（1893—1949），1893 年 11 月生于陕西省蒲城县甘北村一个贫苦农民家庭。西安事变的策划者之一，中国近代著名爱国将领。1909 年，他成立以劫富济贫为宗旨的中秋会。1911 年武昌起义爆发后，参加陕西民军，投身辛亥革命。1915 年参加讨袁战争。1917 年任陕西靖国军第三路军第一支队司令。1921 年任靖国军第三路军司令。

1924 年，杨虎城加入国民党。1925 年任国民军第三军第三师师长。他拥护孙中山的“三大政策”，积极主张联共，聘请共产党员魏野畴担任他创办的三民军官学校政治部主任，并一直和共产党人保持着良好的关系。在此期间，杨虎城目睹反动军阀的黑暗统治，受到轰轰烈烈的革命浪潮鼓舞，挥毫写道：“大陆沉沉睡已久，群兽无忌环球走。骨骸垒垒高太华，红潮澎湃掩斗牛。”

1927 年，杨虎城任国民革命军联军第十路军总司令，参加北伐战争。1929 年任国民革命军新编第十四师师长，后任第十七师师长、陆军第七军军长。1930 年任第十七路军总指挥、陕西省政府主席、西安绥靖公署主任。杨虎城秘密支持中共西北特别支部的工作，主张联共抗日。1933 年，与进入川、陕的红四方面军订立互不侵犯的协议。中共中央进入陕、甘后，他秘密接见中共代表汪锋，表示完全赞同中共中央的抗日民族统一战线政策，并达成与中共联合抗日的协议。中共中央于 1936 年秋派张文彬为驻第十七路军的代表。

1936 年 12 月 12 日，杨虎城同张学良顺应全国人民团结抗日的要求，响应中国共产党抗日民族统一战线的号召，发动了西安事变。

西安事变后，杨虎城被国民党囚禁长达 12 年之久。在狱中，他大义凛然，坚贞不屈，始终坚持爱国主义立场。1949 年 9 月 6 日，杨虎城被秘密杀害，时年 56 岁。

1950 年 2 月 7 日，陕西省人民政府公葬杨虎城于西安南郊少陵原畔，并建立杨虎城将军陵园，迎面斜坡上镶嵌着“千古功臣，民族英雄”八个大字。这里已成为全国重点烈士纪念建筑物保护单位。

为了缅怀先烈，激励后人，弘扬爱国主义精神，2011 年当地政府新建了杨虎城将军纪念馆，通过图片、文字、影像、实景还原等方式，将历史背景与杨虎城将军悲壮感人的一生结合起来，让人民群众进一步了解他在中国革命进程中的足迹。

15. 卢沟桥七七事变

1937 年 7 月 7 日下午，日本华北驻屯军第一联队第三大队第八中队在大队长清水节郎率领下，荷枪实弹开往紧靠卢沟桥中国守军驻地的回龙庙与大瓦窑之间的地区。晚 7 时 30 分，日军开始演习。

22 时 40 分，日军声称演习地带传来枪声，并有一名士兵“失踪”，强行要求进入中国守军驻地宛平城搜查，被中国第二十九军第三十七师第一一〇旅第二一九团严词拒绝。日军一面部署战斗，一面借口有“枪声”和士兵“失踪”，假意与中国方面交涉。

24 时左右，冀察当局接到日本驻北平特务机关长松井太久郎的电话。松井称：“有陆军一军一中队，夜间在卢沟桥演习，仿佛听见驻宛平城内之军队发枪数响，致演习部队一时呈混乱现象，失落士兵一名，要求进入宛平城搜索。”中方认为时值深夜，日兵入城恐引起地方不安，且中方官兵正在睡觉，枪声非中方所发，予以拒绝。不久，松井又打电话给冀察当局称，若中方不允许，日军将以武力强行进城搜查。同时，冀察当局接到卢沟桥中国守军的报告，说日军已对宛平城形成了包围进攻态势。冀察当局为了防止事态扩大，经与日方商议，同意协同派员前往卢沟桥调查。此时，日方声称的“失踪”士兵已归队，但隐而不报。

7 月 8 日晨 5 时左右，日军突然进行炮击，中国第二十九军司令部立即命令前线官兵：“确保卢沟桥和宛平城”“卢沟桥即尔等之坟墓，应与桥共存亡，不得后退”。守卫卢沟桥和宛平城的第二一九团第三营在团长吉星文和营长金振中的指挥下奋起抗战，连续击退日军三次进攻。

▲ 卢沟桥七七事变爆发地

日军挑起七七事变后，在全国引起强烈反响。七七事变的第二天，中国共产党中央委员会就通电全国，呼吁：“全中国的同胞们，平津危急！华北危急！中华民族危急！只有全民族实行抗战，才是我们的出路！”并且提出了“不让日本帝国主义占领中国寸土”“为保卫国土流最后一滴血”的响亮口号。

延伸阅读：平型关大捷

平型关大捷是八路军出师华北抗日战场后的首战，同时也是全国抗战爆发以来中国军队取得的第一个大胜利。

八路军出师华北挺进山西之际，日军第5师团在察哈尔派遣军的配合下，沿平绥路进攻长城沿线，企图南下进攻太原，夺取山西腹地，并从右翼配合华北方面军在平汉路作战。中国第二战区制订了沿长城各隘阻击日军的作战计划；决心在平型关集合重兵歼灭来犯之敌，并请求八路军配合侧击日军。

1937年9月上旬，根据作战计划，八路军第一一五师开赴平型关附近。平型关位于山西省东北部，是晋东北的一个咽喉要道。两侧峰峦叠起，陡峭险峻，左侧有东泡池、老爷庙

▲ 平型关战场

等制高点，右侧是白崖台等山岭。在关前，是一条由西南向东北延伸的狭窄沟道，是伏击歼敌的理想战场。22日，日军第5师团第21旅团一部，由灵丘向平型关进犯，并占领东泡池地区。23日，第一一五师决定抓住日军骄横疏于戒备的弱点，利用平型关东北的有利地形，以伏击战术歼敌，并召开连以上干部会议，进行深入的战斗动员。24日深夜，第一一五师利用暗夜和暴雨的掩护，秘密进入白崖台等预设阵地。25日拂晓，日军第5师团第21旅后续部队乘汽车100余辆及辎重大车200余辆，沿灵丘—平型关公路由东向西开进。7时许，该部全部进入埋伏阵地。第一一五师抓住战机立即全线开火，并乘敌方陷于混乱之际发起冲击。第一一五师一部分歼敌先头部队，阻其沿公路南窜之路；一部分割包围日军后尾部队，断其退路；一部分冲过公路迅速抢占老爷庙及其以北高地；一部分阻断先期占领东泡池的日军回援；一部分阻断日军第5师团派出的增援部队。经过激烈战斗，全歼被围日军，大获全胜。

此战取得重大战果。八路军第一一五师共击毙日军1000余人，击毁汽车100余辆、马车200余辆，缴获步枪1000余支、机枪20余挺、火炮1门，以及大批军用物资。

平型关大捷在日军长驱直入、国民党军队节节后退的形势下，有力地打击了日军的嚣张气焰，打破了日军不可战胜的神话，使全国人民看到了中华民族的希望所在，从而极大地振奋了全国的民心、士气。消息传开，全国各界莫不欢欣鼓舞，纷纷发来贺信贺电，大大提高了共产党和八路军的威望。

16. 辽沈、淮海、平津三大战役

1948 年秋，人民解放战争进入夺取全国胜利的决定性阶段。

这时，人民解放军已由战争开始时的 127 万人发展到 280 万人，其中野战军 149 万人；建立起了较强的炮兵和工兵部队，提高了攻坚能力，取得了打阵地战的经验。

与此相反，国民党军队已由战争开始时的 430 万人下降为 365 万人，可用于第一线的兵力仅 174 万人，而且士气低落，战斗力不强，不得不放弃“全面防御”而改行“重点防御”。国民党军队已被解放军分割在西北、中原、华东、华北、东北 5 个战场上，相互间难以取得配合，已经没有完整战线。党中央和毛泽东当机立断，连续组织辽沈、淮海、平津三大战役。

根据毛泽东和中央军委的部署，选择首先在东北展开战略决战。1948 年 9 月 12 日，林彪、罗荣桓指挥东北野战军主力和地方武装 103 万人发起辽沈战役，向被分割在锦州、长春、沈阳等孤立地区的 55 万国民党军发动进攻。战役首先从攻打锦州、封闭国民党军于东北开始。10 月 14 日，东北野战军对锦州发起总攻，经过 31 小时激战，全歼守敌近 9 万人。

锦州解放促使长春守敌一部分起义，其余全部投降，东北国民党军队向关内的退路被切断。东北野战军攻占锦州后，立即合围并全歼沈阳出援锦州的国民党军廖耀湘兵团，随后乘胜追击，于 11 月 2 日解放沈阳、营口。东北全境解放。

辽沈战役刚结束，华东野战军和中原野战军及部分地方

▲ 辽沈战役

武装共60余万人，在以徐州为中心，东起海州、西至商丘、北起临城（今薛城）、南达淮河的地区，发起规模空前的淮海战役。1948年11月16日，党中央决定由刘伯承、陈毅、邓小平、粟裕、谭震林组成以邓小平为书记的总前委，统一指挥华东野战军和中原野战军。由于先后集结在这个地区的国民党军队在兵力和武器装备上均处优势地位，人民解放军在作战中采取将敌军重兵集团多次分割、集中优势兵力各个歼灭的办法。

1948年11月6日至22日，解放军在徐州以东围歼黄百韬兵团约10万人，完成中间突破。11月23日至12月15日，在宿县西南全歼由豫南远道赶来增援而孤军突出的黄维兵团约12万人，并在陈官庄一带合围杜聿明集团所部邱清泉、李弥、孙元良三个兵团约30万人，后歼灭力图突围的孙元良兵团。12月16日至1949年1月10日，歼灭杜聿明部邱清泉、李弥两个兵团10个军，生俘杜聿明。至此，淮海战役胜利结束。

经此一役，南线国民党军队精锐主力已被消灭，长江中下游以北的广大地区获得解放，同华北解放区连成一片。国民党政府首都南京直接暴露在人民解放军面前，国民党反动统治陷入土崩瓦解的境地。

在辽沈战役结束、淮海战役胜利发展之际，东北野战军和华北军区第二、第三兵团以及华北、东北军区地方部队共

100 万人，联合发起了平津战役。

▲ 淮海战役

根据党中央部署，东北野战军主力从 1948 年 11 月起隐蔽入关，同华北军区第二、第三兵团一道，先用“围而不打”或“隔而不围”的办法，完成对北平、天津、张家口之敌的战略包围和战役分割。随后按“先打两头、后取中间”的顺序发起攻击，在 12 月下旬连克新保安、张家口。

1949 年 1 月 10 日，党中央决定成立由林彪、罗荣桓、聂荣臻三人组成以林彪为书记的平津前线总前委。天津守敌拒绝接受和平改编后，1 月 14 日，解放军以强大兵力发起总攻，经过 29 小时激战，攻克天津，全歼守敌 13 万人。北平 20 余万守军在解放军严密包围下完全陷于绝境，在傅作义率领下接受和平改编。1 月 31 日，北平和平解放。

辽沈、淮海、平津三大战役，无论战争规模还是取得的战果，在中国战争史上都是空前的，在世界战争史上也十分罕见。这三大战役共歼灭国民党军队 154 万余人，使国民党赖以维持其反动统治的主要军事力量基本上被摧毁，为中国革命在全国的胜利奠定了基础。

三大战役的胜利，是毛泽东军事思想的伟大胜利。在三大战役中，毛泽东和中央军委针对东北、华东、华北三个战场的不同特点制定不同的作战方针，全面地运用“十大军事原则”，把歼灭敌人有生力量和夺取城市及地方紧密地结合起来，把集中优势兵力和全部消灭敌军的强大兵团紧密地结合

▲ 平津战役

起来，把大规模的运动战、阵地战和城市攻坚战紧密地结合起来，把军事打击与政治争取结合起来。这是毛泽东军事思想在实践中的重要发展。

三大战役的胜利，也是人民战争的伟大胜利。各解放区人民以无比巨大的热情，以源源不绝的人力物力给予前线以空前规模的支援。供应前方庞大部队的军需物资，全靠肩挑背负，小车推送。据统计，仅为支援淮海战役，动员起来的民工累计即达 543 万人，向前线运送 1460 多万斤弹药、9.6 亿斤粮食等军需物资。陈毅曾深情并形象地说过，淮海战役的胜利是人民群众用小车推出来的。

延伸阅读：人间正道是沧桑——解放军解放南京

1949 年 4 月 23 日，人民解放军解放南京。4 月 21 日，毛泽东、朱德发布向全国进军的命令，号令全军坚决、彻底、干净、全部地歼灭中国境内一切敢于抵抗的国民党反动派，解放全中国。当夜，中国人民解放军百万雄师在东起江苏江阴、西至江西湖口的1000余里的战线上，分三路强渡长江，彻底摧毁了国民党苦心经营的长江防线。4月23日，南京解放，宣告延续22年的国民党反动统治的灭亡，预示着人民当家作主的中华人民共和国即将诞生。捷报传到北平，毛泽东写下了《七律·人民解放军占领南京》的不朽诗篇。

七律·人民解放军占领南京

钟山风雨起苍黄，百万雄师过大江。
虎踞龙盘今胜昔，天翻地覆慨而慷。
宜将剩勇追穷寇，不可沽名学霸王。
天若有情天亦老，人间正道是沧桑。

▼ 1949年4月23日，中国人民解放军占领南京

17. 党中央从西柏坡“进京赶考”

1948 年，解放战争进入第三个年头，国民党军队在战场上渐显颓势。为了挽回败局，国民党集中重兵向革命中心延安大举进攻。由于在西北战场上敌我兵力悬殊，中共中央、中央军委和中国人民解放军总部于 1948 年 5 月中旬从延安移驻位于河北省西部的西柏坡。

党中央、毛泽东主席在西柏坡指挥了震惊中外的三大战役，国民党军队主力基本被歼灭，全国解放已成定局。在中国人民解放战争即将取得全国胜利的前夕，中国共产党于 1949 年 3 月 5—13 日在西柏坡召开了第七届中央委员会第二次全体会议，讨论了党在全国胜利后的一系列基本政策，为中华人民共和国的奠基做好了政治、思想和理论上的准备工作。

党中央移驻西柏坡仅 10 个月，却在中国革命史上留下了浓墨重彩的一笔。作为创建中华人民共和国的指挥中心，西柏坡自此彪炳于中国革命史册。作家阎涛在《东行漫记》中写道：“新中国从这里走来。”正是从这里出发，中国人民迎来了如旭日东升的中华人民共和国。西柏坡也因此像井冈山、瑞金、延安一样，成为中国革命的圣地。

在这段波澜壮阔的革命实践中，孕育形成了以“两个务必”为核心的西柏坡精神，主要体现为为了人民、依靠人民的公仆精神；敢于斗争、敢于胜利的进取精神；政治协商、团结合作的民主精神；立规严纪、集中统一的看齐精神；谦虚谨慎、艰苦奋斗的赶考精神。

1949年3月23日，中共中央、中央军委和中国人民解放军总部由西柏坡前往北平。临行前，毛泽东形象地将进驻北平称为“进京赶考”。他把工作人员召集起来，语重心长地告诫大家：“我们就要进北平了。我们进北平，可不是李自成进北平。他们进了北平就变了，我们共产党人进北平，是要继续干革命，建设社会主义，直到实现共产主义。”

中共中央迁入北平后，揭开了中华人民共和国的序幕，向历史、向全国人民交了一份满意的答卷。70多年后的今天，中国共产党仍然牢记当年毛泽东主席关于“进京赶考”的谆谆教诲，决心走好新时代“赶考”征程，迎接更大的胜利。

延伸阅读：双清别墅的故事

双清别墅是乾隆御题的“香山二十八景”之一，位于北京海淀区香山公园南麓的半山腰，曾是清代皇家园林香山静宜园“松坞山庄”旧址，环境幽雅，以其苍翠的竹林、遮天蔽日的银杏、挺拔的松柏、古朴的建筑令人神往。

真正使这个地方闻名天下的并不只是秀丽风光，而是因为这里是毛主席住过的地方，是中共中央的指挥中心，发生过扭转中国命运、决定中国前途的大事。1949年3月25日，毛主席率领中共中央、中国人民解放军总部从河北省平山县西柏坡村迁至北平，进驻香山。而香山双清别墅正是毛主席指挥渡江战役、筹备召开新政协、建立中华人民共和国的历史见证地。

毛泽东在双清别墅著有《南京政府向何处去》《向全国进军的命令》《中国人民解放军布告》《中国人民解放军总部发言人为英国军舰暴行发表的声明》《在新政治协商会议筹备会上的讲话》《论人民民主专政》《丢掉幻想，准备斗争》《别了，司徒雷登》等文章，后编入《毛泽东选集》第四卷。这期间，

▲ 西柏坡

还有很多重要文章、讲话、信件、电讯稿等从双清别墅发出，被收入《毛泽东文集》第五卷。

此外，毛泽东还在这里与张澜、李济深、沈钧儒、黄炎培、陈叔通、何香凝、柳亚子等民主人士共商建国大计。

1994年，双清别墅被命名为“北京市青少年教育基地”。这里有毛泽东当年生活和工作的原状陈列，有毛泽东与爱子毛岸英亲切交谈的地方——六角红亭，有记录一代伟人的《毛泽东在双清活动展览》。这里已成为对广大青少年进行爱国主义和革命传统教育的校外课堂，是机关单位、学校组织主题党日、团日、队日活动的场所。

▲ 双清别墅

2019年9月12日，中共中央总书记、国家主席、中央军委主席习近平专程前往香山，瞻仰双清别墅、来青轩等革命旧址。

江山如此多娇

中国地大物博，山河壮美，神奇的大自然造就了众多让人类震撼称奇的自然景观。

“江山如此多娇”是对中华大地秀美河山的描绘，同时也是对我们守土有责、寸土不让决心的激励。

1. 长江是我国第一大河

长江发源于青藏高原的唐古拉山脉各拉丹冬雪山，曲折东流，干流流经青海、四川、西藏、云南、重庆、湖北、湖南、江西、安徽、江苏、上海 11 个省、自治区和直辖市，最后注入东海。全长 6363 千米，是中国第一大河、世界第三大河，也是世界上最长的完全在一国境内的河流。流域面积 180 多万平方千米，约占全国总面积的 1/5，年入海水量约 9153 亿立方米，占全国河流总入海水量的 1/3 以上。它流经青藏高原、横断山区、云贵高原、四川盆地、长江中下游平原，流域绝大部分处于湿润地区。

长江三峡景色被喻为大自然造就的“天然画廊”“人间仙境”。其中，瞿塘峡雄伟险峻；巫峡秀丽深幽；西陵峡滩多水急、礁石林立，更有小三峡葱郁苍翠、水清见底。两岸众多的名胜古迹和优美动人的传说，令人神往。闻名中外的三峡水电站位于西陵峡中段的湖北省宜昌市境内的三斗坪，并和下游的葛洲坝水电站构成梯级电站，有航运、发电、灌溉等十多种功能。大坝高 185 米，蓄水高 175 米，水库长 600 余千米，安装

▼ 长江

32 台单机容量为 70 万千瓦的水电机组，是世界装机容量最大的水力发电站，占全国年发电总量的 3%，占全国水力发电的 20%。如今，三峡大坝全线建成，展示出“高峡出平湖”的美景。

延伸阅读：纪录片《话说长江》

长江是我国第一大河，与黄河一起成为中华民族的摇篮，哺育了一代又一代中华儿女。

1983 年 8 月 7 日，讲述长江沿岸地理及人文的 25 集纪录片《话说长江》在中央电视台首播。播出后反响空前热烈，它被赋予的意义，已经远远超过了纪录片本身传达的信息，使中国观众第一次全面直观地了解了国家的人文地理概况。

这部很受欢迎的电视纪录片，在艺术上达到了中国纪录片的高峰。虹云和陈铎两位老艺术家的解说绘声绘色，生动形象的解说词、长江两岸的旖旎风光以及长江从古到今的传奇故事……还有那首脍炙人口的《长江之歌》，都令人荡气回肠。

《话说长江》采用挑、等、抢的拍摄方法，记录真实环境、真实时间里发生的人和事；在结构上采取分章回连续播出方式；在演播形式上，主持人与电视画面相互配合直接讲解，很好地起到了贯穿节目的作用。这一系列的创新使《话说长江》在中国电视史上成为一部里程碑式的作品。

“你从雪山走来，春潮是你的丰采；你向东海奔去，惊涛是你的气概……”《长江之歌》就是当时风靡全国的这部电视纪录片的主题歌（王世光作曲，胡宏伟作词，首唱者季小琴）。这首歌旋律激昂，歌词气势磅礴，通过对中国第一大河——长江的描写与赞美，表达了中国人民热爱祖国的深厚情感。

2. 黄河与《黄河大合唱》

黄河是孕育中华民族的母亲之河，也是中国第二大河，发源于青藏高原巴颜喀拉山北麓的约古宗列盆地，呈“几”字形，自西向东分别流经青海、四川、甘肃、宁夏、内蒙古、山西、陕西、河南及山东 9 个省（自治区），最后流入渤海。全长约 5464 千米，流域面积约 79.5 万平方千米。黄河中段流经黄土高原，许多支流夹带大量泥沙汇入，使黄河成为世界上含沙量最大的河流，河水呈黄色，因而得名。黄河源头的清澈、上游峡谷的婉转、黄土高原的苍茫、中下游的雄浑以及黄河入海口的浩瀚，使得流经之地有许多值得观览的自然和人文景

▼ 黄河瀑布

观。三江源自然保护区位于青藏高原腹地、青海省南部，西南与西藏自治区接壤，东部与四川省毗邻，北部与青海省蒙古族藏族自治州都兰县相接。三江源自然保护区是中国面积最大的自然保护区，也是世界高海拔地区中生物多样性最集中、生态最敏感的地区。黄河流经玛曲大草原时，有一个回弯，形成秀美绝伦的“天下黄河九曲十八弯”之“首曲景观”。壶口瀑布是中国第二大瀑布、世界上最大的黄色瀑布。在水量大的夏季，壶口瀑布气势恢宏；到了冬季，整个水面全部冰冻，形成罕见的巨大冰瀑。黄河小浪底水利枢纽的建成，在这里形成了湖光山色、千岛星布的自然景观，分为西霞湖、大坝湿地公园、张岭半岛度假区、黄河三峡四大景区。

《黄河大合唱》创作于1939年3月，是冼星海最重要也是影响力最大的一部大型合唱声乐套曲。这部由诗人光未然作词、冼星海作曲的作品，以黄河为背景，热情歌颂中华民族源远流长的光荣历史和中国人民坚强不屈的斗争精神，痛斥侵略者的残暴和人民遭受的深重灾难，展现了抗日战争的壮丽图景，并向全中国、全世界发出了民族解放的战斗号角，塑造了中华民族巨人般的英雄形象。1939年，《黄河大合唱》首演，对在抗日战争中的军民起到了巨大鼓舞作用。2015年8月26日，国家新闻出版广电总局发布“我最喜爱的十大抗战歌曲”评选活动，经过网络投票，《黄河大合唱》是入选的10首歌曲之一。

▲ 黄河大合唱

延伸阅读：中国南方最大河系——珠江

珠江，又名粤江，原指广州到入海口96千米长的一段水道，因流经著名的海珠岛（石）而得名。后来逐渐成为西江、东江、北江以及珠江三角洲上各条河流的总称。珠江发源于云贵高原乌蒙山系马雄山，流经云南、贵州、广西、广东、湖南、江西6个省、自治区及越南北部，在下游从8个入海口注入南海。

珠江年径流量3300多亿立方米，全长2320千米，流域面积45.37万平方千米（其中44.21万平方千米在中国境内，1.16万平方千米在越南境内），是中国南方最大的河系、中国境内第三长河。

珠江水系共有大小河流774条，总长3.6万多千米。丰沛的河水与众多的支流，给珠江的航运事业创造了优越条件，航运价值仅次于长江，居全国第二位。珠江水系水能资源丰富，著名的天生桥、大藤峡、鲁布革、新丰江等水电水利枢纽都属于珠江水系。珠江流域面积广阔，多为山地和丘陵，占总面积的94.5%。平原面积小而分散，仅占5.5%，比较大的是珠江三角洲平原。珠江流域旅游资源丰富，著名的黄果树瀑布、桂林山水都在珠江流域。

3.“三山”和“五岳”的魅力

中国是一个多山的国家。雄伟的山脉宛如一条条巨龙，护卫在中华大地上。

中国人自古以来就有山岳崇拜的习俗。一座座峻峭的山岭，

▲ 黄山

被古老的神话传说赋予丰富的文化内涵。在万千山岳中，以“三山五岳”最为尊崇，在中华文化中具有独特地位。

“三山”，指的是黄山、庐山、雁荡山。

黄山位于安徽省南部的黄山市，有“天下第一奇山”之美称。为道教圣地，遗迹众多，传说轩辕黄帝曾在此炼丹。徐霞客曾两次游览黄山，留下“五岳归来不看山，黄山归来不看岳”的感叹。李白等大诗人在此留下了许多壮美诗篇。“奇松”“怪石”“云海”“温泉”被称为黄山四奇。黄山堪称中国最美、令人震撼的十大名山之一，是著名的避暑胜地，也是国家级风景名胜区和疗养避暑胜地。1985 年入选全国十大风景名胜，1990 年 12 月被联合国教科文组织列入《世界文化与自然遗产名录》。生态保护完好，动植物众多。

庐山地处江西省九江市所属的庐山市境内，濒临鄱阳湖，雄峙长江南岸。山体呈椭圆形，是典型的地垒式断块山，长约 25 千米，宽约 10 千米。绵延的 90 余座山峰，犹如九叠屏风，守护着江西的北大门。以雄、奇、险、秀闻名于世，素有“匡庐奇秀甲天下”之美誉。巍峨挺拔的青峰秀峦、喷雪鸣雷的银泉飞瀑、瞬息万变的云海奇观、俊奇巧秀的园林建筑，都展示了庐山的无穷魅力。庐山尤以盛夏如春的凉爽气候为中外游客所向往，是久负盛名的风景名胜区和避暑游览胜地。历代题诗、题词极多，李白的《望庐山瀑布》尤为著名。

▲ 庐山湖全景

雁荡山主体位于浙江省温州市东北部海滨，部分在台州市温岭南境。《载敬堂集》中记载："雁荡山以瓯江自然断裂，分北雁荡山和南雁荡山。近人以景观区位，有北雁荡山、南雁荡山、西雁荡山、东雁荡山、中雁荡山之称。"雁荡山形成于1.2亿年以前，是环太平洋大陆边缘火山带中一座白垩纪流纹质破火山。开山始于南北朝，兴于唐，素有"寰中绝胜""海上名山"之誉，史称"东南第一山"。总面积450平方千米，500多个景点分布于8个景区，以奇峰怪石、古洞石室、飞瀑流泉称胜。其中，灵峰、灵岩、大龙湫三个景区被称为"雁荡三绝"。特别是灵峰夜景、灵岩飞渡堪称中国一绝（因山顶有湖，芦苇茂密，结草为荡，南归秋雁多宿于此，故名雁荡）。

历代文人墨客纷至沓来，谢灵运、贯休、沈括、徐霞客、康有为、张大千、沙孟海、潘天寿、郁达夫、郭沫若、邓拓、舒婷等都在此留下了诗篇和墨迹。

五岳指泰山、华山、衡山、恒山、嵩山。

▲ 泰山

泰山为东岳，位于山东省中部泰安境内，为五岳之首。孔子曾说“登泰山而小天下”，足见泰山在古人心目中地位之高。中国古代帝王在太平盛世或天降祥瑞之时往往会来此祭祀天地，称为“封禅”。在传统观念里，只有再造盛世的伟大帝王，才有资格在泰山“封禅”。因此，中国历史上“封禅”泰山的只有秦始皇、唐高宗、武则天、唐玄宗、宋真宗等为数不多的几位帝王。

华山为西岳，位于陕西省华阴市境内，以险峻著称，有“奇险天下第一山”“自古华山一条道”之称。华山是我国道教全真派圣地，陈抟、郝大通、贺元希等著名的道教名士，都曾在此山修炼学道。

衡山为南岳，是我国古代道教、佛教圣地。位于湖南省衡阳市南岳区，山中处处茂林修竹，终年翠绿，奇花异草四季飘香，自然景色十分秀丽，因而又有“南岳独秀”的美称。清代魏源在《衡岳吟》中写道：“恒山如行，泰山如坐，华山如立，嵩山如卧，惟有南岳独如飞。”

北岳为恒山，位于山西省大同市浑源县城南 10 千米处。恒山山势陡峭，沟谷深邃。相传 4000 年前舜帝巡狩至此，因见山势雄伟，遂封为北岳。秦时有“奉天下名山十二”之称，深山藏宝，如著名的悬空寺便隐匿其中。1982 年，山西恒山风景名胜区被国务院批准列入第一批国家级风景名胜区名单。其中倒马关、紫荆关、平型关、雁门关、宁武关虎踞龙盘，是塞外通向冀中平原之咽喉要冲，自古是兵家必争之地。主峰天峰岭海拔 2016.8 米，被称为“人天北柱”“绝塞名山”“天下第二山”。

中岳为嵩山，全长 60 多千米，主体部分在河南省登封市境内，分东西两部分：东为太室山；西为少室山。太室山主峰为峻极峰，海拔 1494 米；少室山最高峰为连天峰，海拔 1512 米。两山各有 36 峰，合称嵩山 72 峰。

我国有众多的名山大川。除了“三山五岳”之外，还有很多名山与宗教结缘，成为享誉海内外的宗教圣地。

中国众多佛教名山中，以山西五台山、浙江普陀山、四川峨眉山、安徽九华山最为著名，被统称为“中国佛教四大名山”。

中国也有许多道教名山，其中以湖北武当山、安徽齐云山、四川青城山、江西龙虎山最负盛名，被称为“中国道教四大名山”。

延伸阅读：世界第一高峰——珠穆朗玛峰

▲ 珠穆朗玛峰

珠穆朗玛峰海拔 8848.86 米，是世界第一高峰。山体呈巨型金字塔状，威武雄壮，昂首天外，极为险峻，环境非常复杂。

在藏语里，珠穆朗玛峰的意思是“大地的母亲”。它主要有三个山脊，即东北山脊、东南山脊和西山山脊。三大山脊间夹着三大陡壁，在这些山脊和峭壁之间又分布着 548 条大陆型冰川，总面积达 1457.07 平方千米，平均厚度达 7260 米。冰川上有千姿百态、瑰丽罕见的冰塔林，有高达数十米的冰陡崖和步步陷阱的明暗冰裂隙，还有险象环生的冰崩雪崩区。珠峰巍峨宏大，气势磅礴。在它周围 20 千米的范围内，群峰林立，重峦叠嶂。仅海拔 7000 米以上的高峰就有 40 多座。较著名的有南面 3 千米处的“洛子峰”（海拔 8516 米，世界第四高峰）和卓穷峰（海拔 7589 米）；东南面是马卡鲁峰（海拔 8463 米，世界第五高峰）；北面 3 千米是章子峰（海拔 7543 米）；西面是努子峰（海拔 7855 米）和普莫里峰（海拔 7145 米）。

4. 历史悠久的四大高原

1994 年，中央电视台播出电视剧《天路》，讲述的是有关青藏公路的故事。主人公骆黑子在为青藏公路探路的过程中，

▼ 青藏高原　　摄影：于怀

任劳任怨、吃苦耐劳，将一生奉献给了高原；女主人公茹静在丧子之痛和政治问题的双重压力下，不屈不挠，毅然决然地投入修路中。

著名音乐家张千一为《天路》写了一首片头曲，曲名叫《青藏高原》，由歌手李娜首唱。从此，《青藏高原》就成了家喻户晓的金曲。“是谁带来远古的呼唤，是谁留下千年的祈盼……我看见一座座山一座座山川……”这是对青藏公路的讴歌，也是对青藏高原壮丽风景的赞美。

青藏高原是我国最大，也是全球海拔最高的高原。它被誉为“世界屋脊”，是继南极和北极之后的“第三极”，同时也是科学探险、考察和生态旅游的胜地。在这里，诞生了独特的藏传佛教。

青藏高原是神秘的，那里有数不尽的高山大川。最著名的就是喜马拉雅山山脉，它就像一条玉带，横亘在青藏高原南段，景色十分壮丽。它的主峰珠穆朗玛峰是世界最高峰，每年都吸引着无数的登山客前来探险和朝拜。青藏高原中部分布着唐古拉山山脉。这里是长江、澜沧江以及怒江的源头。正是从这里开始，浩荡的长河得以永流，得以生生不息。

青藏高原是中国四大高原之一，另外三大高原分别是内蒙古高原、黄土高原和云贵高原。

内蒙古高原是一个有着悠久历史和故事传说的地方。这里曾诞生过众多能征善战的民族：匈奴、鲜卑、柔然、突厥、契丹、蒙古等，他们为中华民族这个大家庭注入了新鲜的血液。在内蒙古高原上，最有名的就是阴山，“天苍苍、野茫茫，风吹草低见牛羊”描写的就是这里的景观。

黄土高原是中华民族的起源地。到了近现代，这里又成为革命的摇篮，所以，它在中国历史上的地位十分重要。黄土高原上分布着险峻的高山，比如六盘山，毛泽东曾写过一首词《清平乐·六盘山》，其中有“不到长城非好汉”的名句。

云贵高原是我国第四大高原。这里同样历史悠久，我们所熟知的传说中的夜郎国就在这里。云贵高原上最有名的山是乌蒙山，毛泽东的《七律·长征》中有“乌蒙磅礴走泥丸”的名句。

延伸阅读：人文底蕴深厚的三大平原

人类文明最早诞生于平原，尤其是城市文明。中国有三大平原，即东北平原、华北平原及长江中下游平原。

第一大平原是东北平原，地跨黑龙江、吉林、辽宁、内蒙古 4 个省、自治区，面积达 35 万平方千米。东北平原以黑土为主，土壤肥沃，林业和矿产资源十分丰富。因为远离中原地区，所以，这里也往往成为古代人们躲避战祸的首选地。

▲ 东北平原的夏日湿地　　摄影：于怀

中华人民共和国成立后，东北地区的资源优势得以发挥，农业、重工业齐头并进，蔚为大观。进入 21 世纪以来，东北地区和南方发达地区相比略显落后，但只要适时调整好产业结构，用好政策，发愤图强，东北地区同样会很快繁荣起来。

华北平原是第二大平原，地跨北京、天津、河北、山东、河南、安徽、江苏七省、直辖市，面积 25 万平方千米。在中国几千年的文明史中，华北平原一直扮演着十分重要的角色。这里曾诞生过闻名天下的“北京人”，这是一群已会使用火的人类。历史上许多王朝就是从这里诞生，并一步步统一全国的。近现代以来，这里成为中国革命的主战场，上演了一幕幕动天地、泣鬼神的革命壮剧。

中华人民共和国成立后，这里更是成为综合实力增长最快的地区。如今，国家在这里大力推行绿色发展、低碳发展的社会改革试验，雄安新区的出现，就是最好的例子。相信，这里的腾飞指日可待。

▲ 长江中下游平原

长江中下游平原，地跨湖南、湖北、江西、安徽、江苏、浙江、上海7个省、直辖市，总面积20万平方千米。南宋以前，这里发展滞后。明清时期，这里已经是中国最富庶的地区。当时，有一句话叫“苏湖熟，天下足”。鸦片战争以后，因为通商口岸的陆续开放，这里的发展惊艳世界。改革开放以后，借助天时地利，这个地区再次领跑全国。如今，这里仍然是中国最具活力的地区之一。

5. 中国著名的四大盆地

中国有四大盆地：塔里木盆地、准噶尔盆地、柴达木盆地、四川盆地。

塔里木盆地是中国最大的内陆盆地，位于天山山脉和昆

▼ 塔里木盆地

仑山山脉之间。南北最宽处520千米，东西最长处1400千米，面积40多万平方千米。

塔里木盆地是大型封闭性山间盆地，地势西高东低，微向北倾。旧罗布泊湖湖面高程780米，是盆地最低点。塔里木河位置偏于盆地北缘，水向东流。盆地地貌呈环状分布，边缘是与山地连接的砾石戈壁，中心是辽阔的沙漠。塔里木河以南是塔克拉玛干沙漠，面积33.7万平方千米，占新疆总面积的20%，占中国沙漠和戈壁总面积的26%，是中国最大的沙漠区，也是位居世界第二位的流动沙漠区。塔里木盆地中石油、天然气资源蕴藏量十分丰富，分别约占全国油气资源蕴藏量的1/6和1/4。

准噶尔盆地位于阿尔泰山与天山之间，西侧为准噶尔西部山地，东至北塔山麓。南北宽450千米，东西长700千米，面积达30多万平方千米，沙漠占30%。地势向西倾斜，北部略高于南部。盆地西侧有几处缺口，如额尔齐斯河谷、额敏河谷及阿拉山口。西风气流由缺口进入，为盆地及周围山地带来降水。经勘探证明，盆地已显示出可喜的石油开发前景。盆地东部海拔540米的风蚀洼地内，发现有世界罕见的千余株硅化木。

柴达木盆地是中国三大内陆盆地之一，属封闭性巨大山间断陷盆地，位于青海省西北部。四周被昆仑山脉、祁连山脉与阿尔金山脉环抱，面积约25万平方千米。“柴达木”为蒙古语，意为“盐泽”。柴达木盆地素有“聚宝盆”之称，已探明矿点200余处，计50余种。其中盐、石油、铅锌和硼砂储量尤为丰富，食盐总储量达600亿吨左右。芒硝、钾盐、硼酸盐具有工业开采价值，如察尔汗钾盐厂已成为中国重要化工原料基地。盆地内储油分布较广，西部有重要油气聚集带。锡铁山铅锌矿是中国目前已知最大铅锌矿之一。盆地现有耕地集中于东部和东南部绿洲地带，以产粮食、油料为主，产量较高。

▲ 柴达木盆地

四川盆地是中国著名的红层盆地，在中国各大盆地中形态最典型、纬度最南、海拔最低。该盆地位于四川省东部、长江上游，面积 26 万平方千米，占四川省总面积的 46%。四川盆地西依青藏高原和横断山地，北靠秦岭山地，与黄土高原相望，东接湘鄂西山地，南连云贵高原。

延伸阅读：世界上最美的草原

呼伦贝尔草原位于内蒙古自治区东北部、大兴安岭以西，是新巴尔虎右旗、新巴尔虎左旗、陈巴尔虎旗、鄂温克旗和海拉尔区、满洲里市及额尔古纳市南部、牙克石市西部草原的

▼ 呼伦贝尔大草原

总称，是世界著名的天然牧场、世界三大草原之一，被称为世界上最好的草原，是全国旅游二十胜景之一。草原总面积约为9.3万平方千米，域内3000多条河流纵横交错，500多个湖泊星罗棋布。地势东高西低，海拔650～700米，由东向西呈规律性分布，地跨森林草原、草甸草原和干旱草原三个地带。除东部地区约占本区面积的10.5%为森林草原过渡地带外，其余多为天然草场。多年生草本植物是组成呼伦贝尔草原植物群落的基本生态性特征，草原植物资源约1000余种。

6. 中国的“五湖”和“四海”

关于“五湖”，历史上有过不同的说法。在《地理通释十道山川考》中，“五湖”指彭蠡、洞庭湖、巢湖、太湖、鉴湖。彭蠡即鄱阳湖，鉴湖到了清代则被洪泽湖代替。据《史记·河渠书集解》中记载：“饶州鄱湖，岳州青草，润州丹阳，鄂州洞庭，苏州太湖，此为天下‘五湖’。”青草湖现已和洞庭湖连成一体，润州丹阳湖已经逐渐淤塞。如今说法比较统一、按湖区面积和历史影响而论，“五湖”指洞庭湖、鄱阳湖、巢湖、太湖和洪泽湖。

▲ 洞庭湖

洞庭湖：古时号称“八百里洞庭”，面积3879.2平方千米。处于长江中游荆江南岸，地接岳阳、汨罗、湘阴、望城、益阳、沅江、汉寿、常德、津市、安乡和南县等县市。洞庭湖之名始于春秋战国时期，因湖中洞庭山（今君山）而得名。洞庭湖北纳长江的松滋、太平、藕池、调弦四口来水，南和西接湘、资、沅、澧四水及汨罗江等小支流，由岳阳市城陵矶注入长江。

鄱阳湖：位于江西省北部，地处九江、南昌、上饶三市，是中国第一大淡水湖，也是中国第二大湖，仅次于青海湖。面积 4125 平方千米，国家 AAAAA 级旅游景区。景区内有 41 个岛屿和 7 个自然保护区。湖的西北面是避暑胜地庐山。

巢湖：位于安徽省中部，曾称南巢、居巢湖，俗称焦湖，是长江中下游五大淡水湖之一。东西长 55 千米，南北宽 21 千米，面积 780 平方千米。

太湖：位于长江三角洲的南缘，古称震泽、具区，又名五湖、笠泽，横跨江浙两省，北邻无锡，南濒湖州，西依宜兴，东近苏州。面积 2427.8 平方千米。

洪泽湖：位于江苏省西部淮河下游苏北平原中部西侧淮安、宿迁两市境内，为淮河中下游结合部。面积 2069 平方千米。

关于“四海”，《礼记·祭义》中记载：“夫孝置之而塞乎天地，溥之横四海。”古时认为中国四面环海，推而放诸东海而准，推而放诸西海而准，推而放诸南海而准，推而放诸北海而准，之后“四海”就喻指全国各地。现今的“四海”指东海、黄海、南海、渤海。

东海：我国三大边缘海之一，北起长江口岸到韩国济州岛一线，南以南海为邻。大部分海域深度不超过 200 米，因位于中国东部而得名。

黄海：是太平洋西部的一个边缘海，位于中国大陆与朝鲜半岛之间，是一个近似南北向的半封闭浅海。西北以辽东半岛

▲ 南海

南端老铁山角与山东半岛北岸蓬莱角连线为界，与渤海相连；南以中国长江口北岸启东嘴与济州岛西南角连线为界，与东海相连。黄海平均水深 44 米，海底平缓，为东亚大陆架的一部分。

南海：位于中国大陆的南方，是太平洋西部海域，属于中国三大边缘海之一。九段线内海域为中国领海，该海域的自然海域面积约 350 万平方千米。其中中国领海总面积约 210 万平方千米，为中国近海中面积最大、最深的海域，平均水深 1212 米，最大深度 5559 米。

渤海：中国最北的近海，亦为中国最浅的半封闭性内海，三面环陆，被辽宁省、河北省、天津市、山东省环抱，通过渤海海峡与黄海相通。平均水深 18 米，最大水深 83 米。渤海大陆海岸线长 3170 千米（包括烟台市的黄海部分），其中辽宁省的大陆海岸线（渤海部分）1235 千米、河北省 288 千米、天津市 153 千米、山东省 1494 千米。

延伸阅读：世界上海拔最高的咸水湖——纳木错湖

纳木错湖是中国西藏自治区最大的内陆湖，也是世界上海拔最高的大型咸水湖。湖面海拔 4718 米，形状近似长方形，东西长 70 多千米，南北宽 30 多千米。最深处 120 米，蓄水量 768 亿立方米。蒙古语称“腾格里海”；藏语纳木错意为“天湖”。位于拉萨以北当雄县和那曲市班戈县之间。在念青唐古拉山主峰以北，距离拉萨 240 千米。纳木错湖南面有终年积雪的念青唐古拉山，北侧和西侧有高原丘陵、广阔的湖滨。草原绕湖四周，水草丰美。湖水含盐量高，流域范围内野生动物资源丰富，有野牛、山羊等。湖中多野禽，产细鳞鱼和无鳞鱼。湖水清澈，与四周雪山相映，风景秀丽。

7. 江南三大名楼

在我国古代，楼阁是尊贵和威严的象征，一般临水而建，与湖光山色相映成趣。许多名篇因楼阁而生，楼阁也因文章的流传而声名远扬。有代表性的要数被称为“江南三大名楼”的岳阳楼、黄鹤楼和滕王阁。

岳阳楼，位于湖南省岳阳市，地处岳阳古城西门城墙之上，紧靠洞庭湖畔，下瞰洞庭，前望君山。始建于东汉建安二十年，历代屡加重修，现存建筑沿袭清光绪六年重建时的形制与格局。北宋庆历五年，滕子京修楼，第二年范仲淹作记，使得岳阳楼扬名于世。岳阳楼不仅是一座建筑，更体现了儒家文化的情怀。

黄鹤楼位于湖北省武汉市长江南岸的武昌蛇山之巅，号称“天下江山第一楼”。黄鹤楼始建于三国时期，此后1000多年间多次重修。清光绪十年，黄鹤楼失火被毁。现在人们看到的黄鹤楼，是1985年在距原址1000米的蛇山峰上重修的。千百年来，无数文人墨客都曾来此登楼赋诗，留下了许多名篇佳作。唐代诗人崔颢的《黄鹤楼》，更使黄鹤楼名声大噪，名动千古。关于黄鹤楼，有很多有趣的传说。据说有仙人为了酬谢酒家，在此画下可以舞蹈的黄鹤为酒家招揽生意。酒家成为巨富后，仙人乘鹤而去，酒家遂建黄鹤楼纪念。在

▲ 黄鹤楼

道教传说中，黄鹤楼曾是吕洞宾传道、修行的道场，因而成为道教名胜。

滕王阁位于江西省南昌市，始建于唐代。唐高祖李渊有个儿子叫李元婴，被封为滕王。后来李元婴调任洪州，在当地建了一座楼阁，名为滕王阁。唐高宗上元三年，诗人王勃去交趾探父途经洪州时，参加当地官员举办的宴会。席间，王勃即兴写下著名的《滕王阁序》，使得这座楼阁名扬天下。此后千年，滕王阁屡颓屡建。无数名人都曾来此游览，更使得这座千年楼阁具有深厚的历史文化意蕴。

▲ 滕王阁

延伸阅读：岳阳楼与千古名篇《岳阳楼记》

北宋庆历五年（1045），政治家范仲淹主持的政治改革失败被罢去相位，贬为地方官。第二年，范仲淹转到邓州任职。到任后，他建学府、兴水利、惩贪官，把邓州治理得井井有条。尽管改革没有成功，但他“先天下之忧而忧，后天下之乐而乐”的政治抱负并未消泯。

北宋庆历六年（1046），范仲淹的好友滕子京派人送来一封信，附有一幅画。滕子京当年曾与范仲淹同朝为官，因鼎力支持范仲淹主持的“庆历新政”而得罪权贵，与范仲淹同时遭贬。

拆开来信，得知这位老友被贬到岳阳为官，花了一年时间把岳阳治理得政通人和、百业俱兴。岳阳有一处靠近洞庭湖的楼台古迹，相传是三国时代东吴大都督鲁肃校阅水军的看台，但历经几百年岁月的剥蚀，早已残破不堪。滕子京下令重修岳阳楼。按照旧例，应该写一篇文章刻碑纪念。滕子京立即想到

▼ 岳阳楼

了文采出众的范仲淹，想请他写一篇《岳阳楼记》，于是差人千里送信。随信附带的那幅画，就是岳阳楼的描摹图。

范仲淹对滕子京千里求文之举很感动。当晚，他设宴招待信使，乘着酒兴，千古名篇《岳阳楼记》一挥而就。

8. 南海上的“东方夏威夷”——海南岛

海南岛是我国南方的岛屿。从地图上看，海南岛就像一只雪梨横卧在碧波万顷的南海之中。海南岛的长轴呈东北—西南向，长 300 余千米；西北—东南向为短轴，长约 180 千米。面积约 3.4 万平方千米，是中国仅次于台湾的第二大岛。岛上热带雨林茂密，海水清澈，一年中有旱季和雨季两个季节。

海南岛北临琼州海峡，与雷州半岛相望。琼州海峡宽约 30 千米，是海南岛和中国大陆间的海上“走廊”，又是北部湾

▼ 三亚海滩

和南海之间的海运通道。由于邻近大陆，因此，每当天气晴朗、万里无云之时，站在雷州半岛的南部海岸遥望，海南岛便隐约可见。海南岛西北部有浮水洲岛，也称为夜莺岛、龙尾岛，在江河入海口与琼州海峡的同纬度间，距海南岛最近处130千米。

在地质时期，海南岛原与华夏大陆相连，后断陷形成岛屿。在《大清一统舆图》上，中国最大的岛屿是东北隅的库页岛，比台湾岛、海南岛、崇明岛加在一起还要大。1860年，沙皇俄国通过《中俄北京条约》逼迫清政府割让库页岛。从此，中国第一大岛变成台湾岛，第二大岛变成海南岛。

延伸阅读：没有围墙的湿地博物馆——海口

海口市作为中国历史文化名城，因湿地保护而成“网红”。2018年10月在迪拜举行的《国际湿地公约》第13届缔约方大会上，它与世界其他17座城市荣获全球第一批“国际湿地城市”称号。海口，一座没有围墙的湿地博物馆，一座历经千年的历史名城，摘取了这项令人瞩目的桂冠，意义非凡。

海口市隶属海南省，自古有“水城”的美誉，河流、沼泽、湖泊、水库纵横交错。它既是“水口”亦是“火口”，世界地质公园火山口与广袤的海口水城构成了湿地城市的独特景观。有滨海湿地、河流湿地、湖泊湿地、人工湿地4个湿地类及11个湿地型，湿地率达12.7%，湿地保护率达到55.53%。海口作为国际湿地城市，地理资源优厚，人文景观蔚为壮观。

从空中俯瞰海口，那一片沟壑纵横、绿意浓郁的大片风景，就是为海口赢得世界声誉的湿地腹地。熔岩湿地的羊山火山村落、热带北缘的红树林湿地、滨海湿地、城市内河（湖）修复湿地，是上苍赋予海南岛的绿野仙踪；潭丰洋、美舍河、五源河、新旧沟及东西湖，每一片湿地，都隐含着历史厚重的故事。它既遥远又亲近，既神秘又阳光，那流传千年的往事，至今仍动人心魄。

9. 中国宝岛台湾

台湾位于中国大陆东南海域，东临太平洋，西隔台湾海峡与福建省相望，南界巴士海峡与菲律宾群岛相对。台湾地区由中国第一大岛台湾岛和周围属岛以及澎湖列岛两大岛群共 80 余个岛屿组成，总面积 3.6 万平方千米，总人口 2369 万。

台湾宝岛，自然景观与生态资源丰富，名胜古迹比比皆是，清代就有“八景十二胜”之说。其中太鲁阁以峡谷景观著称，拥有高山、断崖、瀑布、河阶之美。台湾还是蝴蝶王国，年产蝴蝶 4000 多万只，种类多达 400 余种，并有 50 多种特有蝶类，其中不少是世界上最美、最珍贵的品种。台湾是兰花之岛，在国际花卉市场上享有盛誉，有 2000 多个品种。驰名中外的蝴蝶兰，珍稀名贵，香气四溢，花朵似展翅欲飞的彩蝶，曾在第三届国际花展上获得冠军。台湾是珊瑚王国，有 300 余种珊瑚，占世界各类珊瑚的 1/3，年产量占世界总产量的 80%，是世界有名的珊瑚出口基地。台湾是樟脑王国，樟树驰名中外，有世界最大的樟树带，樟脑年产量占世界总产量的 70% 以上。台湾是鸟类之乡，有 400 余种，占我国鸟类种数的 35% 以上。台湾是植物王国，种类繁多，多达 4000 余种，相当于欧洲木本植物种类的 2/3。

台湾是中华人民共和国省级行政区，是中国领土不可分割的一部分。台湾地区的少数民族高山族在 17 世纪已在此定居，明末清初有大量福建南部和广东东部人民移居台湾，最终形成以汉族为主体的社会。宋代澎湖即已列入中国版图；元、明在澎湖设巡检司。明末台湾先后被荷兰和西班牙侵占，1662年被郑成功收复。清代于1684年置台湾府，隶属福建省，1885年台湾建省。1895年清政府根据《马关条约》将台湾割让给日本，1945年中国人民抗日战争胜利后台湾光复，中国政府恢复了台湾地区的行政管理机构。1949年国民党当局退至台湾，1954年美国同台湾当局签订《共同防御条约》，造成台湾同祖国大陆分离的状况。

台湾是中国的一部分，两岸同属一个中国的历史和法理事实，是任何人、任何势力都无法改变的。两岸同胞都是中国人，血浓于水、守望相助的天然情感和民族认同，是任何人、任何势力都无法改变的。台海走向和平稳定、两岸关系向前发展的时代潮流，是任何人、任何势力都无法阻挡的。国家强大、民族复兴、两岸统一的历史大势，更是任何人、任何势力都无法阻挡的。

延伸阅读：阿里山与日月潭

来到祖国的宝岛台湾，人们最想去的地方就是日月潭和阿里山。日月潭不但美，还有很多故事。阿里山更是闻名遐迩，人们很早就熟知那首“高山青，涧水蓝，阿里山的姑娘美如水呀，阿里山的少年壮如山……”的歌曲。

阿里山位于台湾地区嘉义市东方75千米，海拔2216米，坐标为北纬23°31'、东经120°48'，东面靠近台湾最高峰玉山。由于山区气候温和，盛夏时依然清爽宜人，加上林木葱茏，是台湾最理想的避暑胜地和著名的旅游风景区。

阿里山和玉山山脉与玉山公园相邻，平均气温为10.6℃，夏季平均气温 14.3℃，冬季平均气温 6.4℃。阿里山森林游乐区西靠嘉南平原，北界云林、南投县，南接高雄、台南县，总面积为约 20 平方千米。

阿里山共由 18 座高山组成，属于玉山山脉的支脉。群峰环绕、山峦叠翠、巨木参天。相传以前，邹族酋长阿巴里来此打猎满载而归，后常带族人来此，人们为感念他便以其名命名此地。了解真实的阿里山文化历史就应深入阿里山邹族文化部落。在阿里山邹族的文化园区，就会进一步认识邹族这个英勇的民族。

阿里山的日出、云海、晚霞、森林与高山铁路，合称阿里山五奇。阿里山铁路有 70 多年历史，是世界上仅存的三条高山铁路之一，途经热、暖、温、寒四带，景致迥异，搭乘火车如置身自然博物馆。尤其是三次螺旋环绕及第一分道的 Z 字形爬升，更让人难以忘怀。

日月潭在阿里山的西边，是由玉山和阿里山漳的断裂盆地积水而成，是台湾地区第一大天然湖泊，位于台湾地区阿里山以北、能高山之南的南投县鱼池乡水社村，旧称水沙连、龙湖、水社大湖、珠潭、双潭，亦名水里社。

日月潭湖面海拔 748 米，常态面积为 7.93 平方千米（满水位时 10 平方千米），最大水深 27 米，是台湾外来生物种类最多的淡水湖泊之一。它以光华岛为界，北半湖形状如圆日，南半湖形状如弯月。

在清代，日月潭即被选为台湾八大景之一，有“海外别一洞天”之称。2009 年，又入选世界纪录协会“台湾最大的天然淡水湖”。

砥砺奋进的七十年

1949 年，中国共产党领导人民取得了建立新中国的伟大胜利，中华民族从此开启了实现伟大复兴的历史新纪元。回首峥嵘岁月，新中国从一穷二白到成为世界第二大经济体，经济实力显著进步、综合国力不断增强、人民生活水平持续改善，用几十年时间铸就了人类历史上规模浩大、气势雄伟的现代化事业。

“砥砺奋进的七十年”所展示的伟大成就，充分证明坚持走中国特色社会主义道路，是实现中华民族伟大复兴的必由之路。

1. 中华人民共和国诞生

1949 年 1 月，震惊中外的“三大战役”接近尾声。当时，困守北平的华北“剿总”司令傅作义，经过解放军和中共北平地下党的耐心工作，率部起义，北平宣告和平解放。中国共产党领导全国人民艰苦奋斗 28 年，终于迎来胜利的曙光。经过长期的革命斗争，我们党采取“农村包围城市”的战略，推翻了国民党反动派的统治。如今，建立全国性政权、筹建中华人民共和国的任务，急迫地摆在全党和全国人民的面前。

1949 年 3 月 5—13 日，中共中央在西柏坡召开了第七届中央委员会第二次全体会议，讨论党在革命胜利后的一系列建国事宜。3 月 23 日，中共中央、中央军委和中国人民解放

▼ 开国大典

军总部一齐迁往北平。经过3个月紧锣密鼓的筹备，1949年9月21日至30日，由中国共产党、全国各民主党派、无党派人士、海外侨胞代表参加的中国人民政治协商会议第一届全体会议在北平隆重举行。这次大会承担着建立中华人民共和国的历史使命，通过了《中国人民政治协商会议共同纲领》《中国人民政治协商会议组织法》《中华人民共和国中央人民政府组织法》三大奠基性文件。大会还决定将“北平”更名为“北京”，定为中华人民共和国的首都；同时还议定了国旗、国徽、国歌、开国大典等问题。选举产生了中央人民政府委员会，由毛泽东担任中央人民政府主席。

1949年10月1日，开国大典在天安门广场隆重举行。下午3时，毛泽东主席与中央人民政府委员登上天安门城楼。30万群众在天安门广场参加了大典和庆祝活动。在万众瞩目中，毛主席向全世界庄严宣告：“中华人民共和国中央人民政府今天成立了！”

中华人民共和国的建立，开辟了中国历史的新纪元，从此，中国结束了100多年来被侵略被奴役的屈辱历史，真正成为独立自主的国家。中国人民从此站起来了，成为国家的主人，中华民族开始以崭新的面貌屹立于世界东方。

延伸阅读：人民第一次成为土地的主人

中国几千年来都是以农立国，而土地则是最重要的生产资料，被视为财富的源泉与象征。自战国时代开始，我国一直实行封建土地所有制。天下大部分耕地集中在统治阶级和大小地主手中，而占全国人口绝大多数的农民却只有很少或没有土地。正所谓“富者田连阡陌，贫者无立锥之地”，这种土地制度引发了诸多社会矛盾。中国历代爆发的农民战争，其根源之一就在于土地制度的弊端。随着时代发展，封建土地所有制越来越严重地阻碍着社会经济的发展，成为导致中国近代落后挨打的根源之一。

中华人民共和国成立前，占农村人口不到5%的地主、富农占有50%的土地。广大农民由于缺少土地，只能受雇于地主，遭到残酷剥削，生活得不到保障。广大农民非常渴望获得土地。

新民主主义革命时期，中国共产党实行土地改革，在控制区域内建立人民政权，废除了封建土地所有制，将土地按人口平均分配给广大人民。早在20世纪30年代，红军就在苏区实施过土改。1949年7月，中国共产党在西柏坡举行全国土地会议，通过了《中国土地法大纲》，在解放区实行更大规模的土改。轰轰烈烈的土地改革运动，消灭了封建土地制度，改变了农村旧有的生产关系。解放区1亿多农民获得了土地，从而在经济上真正获得了解放。

中华人民共和国建立后，解放军继续追歼国民党残敌，更多的国土获得了解放。1950年6月30日，中央人民政府颁布了《中华人民共和国土地改革法》，宣布在全国范围内废除封建土地所有制，实行农民土地所有制。《中华人民共和国土地改革法》实施后，3.1亿解放区人民获得了土地。此举促进了农业生产和国民经济的发展，为中华人民共和国的工业化提供了必要的经济基础。

到1952年，全国除新疆、西藏等少数民族地区以及台湾地区外，基本上完成了土地改革任务（1959年，西藏地区也开始了土地改革）。至此，全国农民真正成了土地的主人。

2. 抗美援朝——雄赳赳，气昂昂，跨过鸭绿江

正当全国人民集中力量争取财政经济状况基本好转的时候，新中国又面临着外部侵略的威胁。1950 年 6 月 25 日，朝鲜内战爆发。美国政府立即作出武装干涉朝鲜内战的决定，并派遣第七舰队侵入台湾海峡，公然干涉中国内政，阻挠中国的统一大业。10 月初，美军无视中国政府一再警告，悍然越过三八线，把战火烧到中朝边境，直接威胁新中国的国家安全。危急关头，朝鲜劳动党和政府请求中国出兵支援。

敢不敢、能不能迎战世界上经济实力最雄厚、军事力量最强大的美帝国主义，对于成立仅一年、百废待兴的新中国来说，是一个巨大的挑战。在敌我力量极其悬殊的情况下，

▼ 抗美援朝：跨过鸭绿江

如果出兵参战，能不能打赢？会不会“引火烧身”“惹祸上门”，使经济建设难以进行？中央政治局多次召开会议，全面估量国内外形势，既清醒地看到了面临的困难，又深入地分析了出兵作战的必要和可能，作出了派遣中国人民志愿军入朝作战，抗美援朝、保家卫国的历史性决策。

1950 年 10 月 8 日，毛泽东发布命令，组建以彭德怀为司令员兼政治委员的中国人民志愿军。19 日，志愿军雄赳赳气昂昂跨过鸭绿江。这是以正义之师行正义之举。中国人民志愿军同朝鲜军民密切配合，首战两水洞、激战云山城、会战清川江、鏖战长津湖等，此后又构筑起铜墙铁壁般的纵深防御阵地，实施多次进攻战役，粉碎“绞杀战”、抵御“细菌战”、血战上甘岭，创造了威武雄壮的战争伟业。经过艰苦卓绝的战斗，中朝军队打败了武装到牙齿的对手，打破了美军不可战胜的神话，迫使不可一世的侵略者于 1953 年 7 月 27 日在停战协定上签字。抗美援朝战争以伟大胜利向世界宣告：“西方侵略者几百年来只要在东方一个海岸上架起几尊大炮就可霸占一个国家的时代是一去不复返了！”

▲ 上甘岭英雄阵地

在波澜壮阔的抗美援朝战争中，英雄的中国人民志愿军始终发扬祖国和人民利益高于一切、为了祖国和民族的尊严而奋不顾身的爱国主义精神，英勇顽强、舍生忘死的革命英雄主义精神，不畏艰难困苦、始终保持高昂士气的革命乐观主义精神，为了完成祖国和人民赋予的使命、慷慨奉献自己一切的革命忠诚精神，为了人类和平与正义事业而奋斗的国际主义精神，锻造了伟大抗美援朝精神。毛泽东的长子毛岸英第一批入朝参战，英勇牺牲在朝鲜战场。志愿军将士面对强大而凶狠的作战对手，身处恶劣而残酷的战场环境，抛头颅、洒热血，以“钢少气多”力克“钢多气少”。他们说，我们的身后就是祖国，为了祖国人民的和平，我们不能后退一步！他们冒着枪林弹雨勇敢冲锋，顶着狂轰滥炸坚守阵地，以身躯作人梯，抱起炸药包、手握爆破筒冲入敌群，忍饥受冻绝不退缩，敢于“空中拼刺刀”。这种血性令敌人胆寒，让天地动容！他们中涌现出30多万名英雄功臣和近6000个功臣集体，有毅然抱起炸药包与敌人同归于尽的杨根思，有用胸膛堵住枪眼为战友冲锋开道的黄继光，有烈火烧身岿然不动直至壮烈牺牲的邱少云，有跃入冰河以生命换得朝鲜少年安然无恙的罗盛教……他们用生命谱写了惊天地、泣鬼神的雄壮史诗，被祖国人民称为“最可爱的人”。伟大抗美援朝精神跨越时空、历久弥新，必须永续传承、世代发扬。

抗美援朝战争伟大胜利，是中国人民站起来后屹立于世界东方的宣言书，是中华民族走向伟大复兴的重要里程碑，对中国和世界都有着重大而深远的意义。经此一战，中国人民粉碎了侵略者陈兵国门、进而将新中国扼杀在摇篮之中的图谋，可谓“打得一拳开，免得百拳来”，帝国主义再也不敢作出武力进犯新中国的尝试，新中国真正站稳了脚跟。经此一战，中国人民彻底扫除了近代以来任人宰割、仰人鼻息的百年耻辱，彻底扔掉了“东亚病夫”的帽子，中国人民真正扬眉吐气了。经此一战，中国人民打败了侵略者，震动了全世界，奠定了新中国在亚洲和国际事务中的重要地位，彰显了新中国的大国地位。经此一战，人民军队在战争中学习战争，愈战愈勇，越打越强，取得了重要军事经验，实现了由单一军种向诸军兵种合成军队转变，极大促进了国防和军队现代化。经此一战，第二次世界大战结束后亚洲乃至世界的战略格局得到深刻塑造，全世界被压迫民族和人民争取民族独立和人民解放的正义事业受到极大鼓舞，有力推动了世界和平与人类进步事业。这一战，拼来了山河无恙、家国安宁，打出了中国人民的精气神，人民军队战斗力威震世界，让全世界对中国刮目相看，充分展示了中国人民不畏强暴的钢铁意志、万众一心的顽强品格、敢打必胜的血性铁骨、维护世界和平的坚定决心，再次证明正义必定战胜强权，和平发展是不可阻挡的历史潮流。

延伸阅读：表达浓烈爱国主义情感的电影《上甘岭》插曲——《我的祖国》

1952 年 10 月 14 日至 11 月 25 日，震惊中外的上甘岭战役打响。这是抗美援朝战争中最为激烈的一场战役，战斗之激烈、规模之大，世所罕见。英勇的志愿军战士先后打退敌人 900 多次进攻。后来，上甘岭战役被拍成电影《上甘岭》，于 1956 年在全国公映，电影插曲《我的祖国》也随之传遍大江南北。这首歌表达了浓烈的爱国主义情感，歌曲前一部分以女高音唱出了祖国江河帆影点点、田野稻浪飘香的美丽景色；后一部分用混声合唱形式，突出“美丽的祖国”的主题，抒发强烈的爱国情怀，激情澎湃，气势磅礴。

我的祖国

影片《上甘岭》插曲

1=F 4/4
稍慢 优美 亲切地

乔羽 词
刘炽 曲

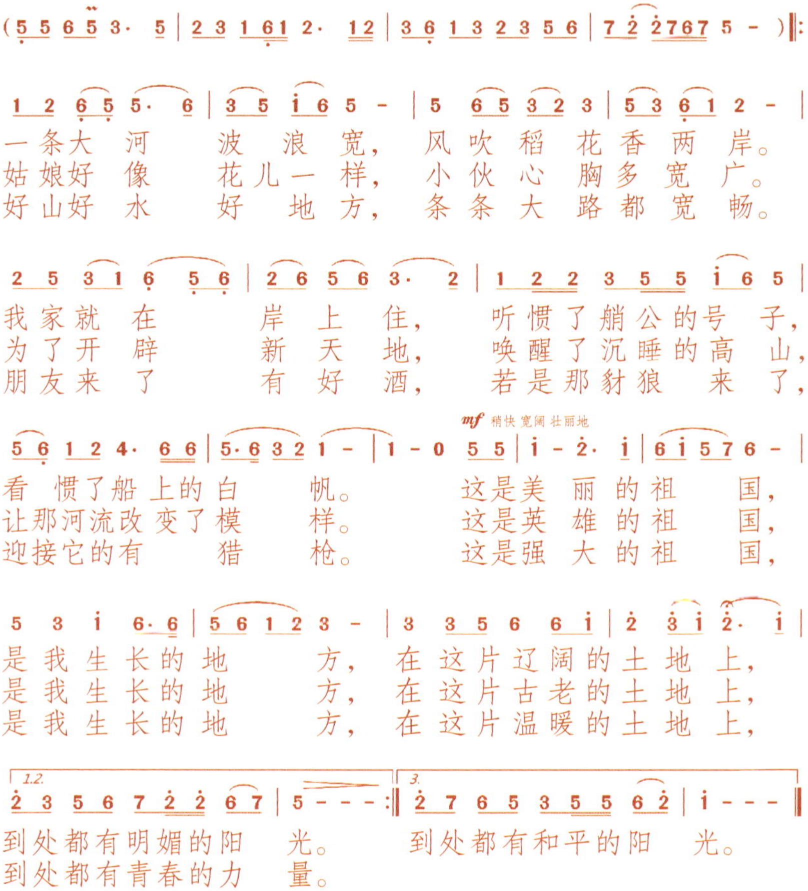

3. 宁可少活20年，拼命也要拿下大油田

20世纪50年代前期，中国的石油年产量不过100万吨，而美国的石油年产量是中国的300倍。正是在这种为国争气的

背景下，轰轰烈烈的石油大会战拉开了序幕。

1960 年初春，黑龙江省的严寒还未退去，王进喜就带领 1205 钻井队来到地处松辽盆地一个叫萨尔图的荒原，准备参加即将开始的石油大会战。但是当重达几十吨的设备运到时，所有人都傻眼了，因为现场既没有吊车，也没有拖拉机。为了抢时间早日开钻，王进喜和工人们二话没说，硬是通过人拉肩扛，把设备运到了工地。接下来的三天三夜，他们又是通过人力，在茫茫荒原上竖立起了高达 40 米的钻井架。

▲ 1959 年大庆油田：喷井的刹那，工人欢呼起来

一切进展都很顺利，人们期待着石油能喷涌而出的那一刻。谁知，当工人们在打第二口井的时候，由于井底压力升高突然发生了井喷。井喷一旦发生，最好的办法是加入重晶石粉压制。由于没有重晶石粉，王进喜决定用水泥代替。不过，水泥一旦搅拌不均匀，就会沉到井底，造成油井报废。在这万分紧急的时刻，王进喜想都没想就跳进了泥浆池。那可是零下二十几度的天气，更何况他的腿脚还有伤。

然而，对这一切，王进喜毫不在意，他使出全身力气，手腿并用搅动着浑浊的水泥浆。就这样，井喷事故得到了遏制。事后，王进喜说："我宁可少活 20 年，拼命也要拿下大油田。"这就是那一代中国人的真实写照。可以说，中华人民共和国之所以能屹立不倒，靠的就是勇于牺牲、顽强拼搏、艰苦奋斗的精神。如果没有这种精神，中国的建设就不会取得一系列令世人惊叹的辉煌成就。

延伸阅读：从科学家李四光到铁人王进喜

李四光是我国著名的地质学家，如果没有他的“陆相生油”地质理论，中国要想在短时间内找到石油，那几乎是不可能的事。

当时国际地质学界都认为，石油只可能在海相地层中产生，而中国是陆相地层，所以，不可能有石油。西方人在1913年曾到中国西北、华北和东北地区找石油。日军占领东北时，也曾派出地质人员找石油，但由于他们恪守海相生油理论，最终一无所获。

李四光不迷信权威，经过深入研究，毅然提出了自己的见解，那就是陆相地层同样能产生石油。接着，李四光就确立了先找油区，再找油田的思路。经过深入研究考察，李四光把柴达木盆地、东北平原凹陷地等作为重点勘探对象。正是因为李四光从理论层面科学地为我国石油勘探指明了方向，中国才在石油事业上迈出了开拓性的重要一步。

说到李四光，还必须说王进喜。如果没有像王进喜这样的一线工人，中国石油资源要想得到开发，同样是个大难题。王进喜是中国培养的第一代钻井工人。在参加大会战之前，他已经积累了丰富的实战经验。他所在的钻井队被称为“钢铁钻井队”，他也获得了“铁人”的美誉。敢闯、敢想、敢干，正是王进喜一贯的作风。

▲ 铁人王进喜

可以这样说，从李四光到王进喜的奋斗之路，就是一条中国石油的发现之旅，就是中国由弱到强的崛起之路。

4.“两弹一星”是中华民族的骄傲

“两弹一星”指的是核弹（原子弹、氢弹）、导弹和人造卫星。美国在 1945 年试爆了人类第一颗原子弹，而且将其运用于实战，使全人类目睹了核武器的恐怖威力。战后，世界各主要军事强国不甘落后，纷纷加紧研发核武器。中华人民共和国建立之初，美国不仅在经济上对我国进行封锁、禁运，还在金门炮战期间公然干涉中国内政，对我国进行核威胁。因此，研制自己的核武器，打破美国的核威胁与核垄断的任务就摆在中国领导者和建设者的面前。

▲ 我国第一颗原子弹爆炸成功

为了防止国内外敌人的干扰和破坏，我国研究“两弹一星”的科研基地设在荒无人烟的西北大戈壁。大批科学家和相关工作人员以极大的献身精神，隐姓埋名，开始了秘密研究。当时我国的经济基础还很薄弱，但科研工作者克服了很多困难，经过不懈努力，中国制造的第一枚近程弹道导弹于 1960 年 11 月 5 日发射成功。1964 年 10 月 16 日，我国第一颗原子弹爆炸成功。它的爆炸成功，标志着中国开始拥有核武器，成为继美国、苏联、英国、法国之后第五个拥有核武器的国家。

1967年6月17日，我国西北又腾起氢弹爆炸的蘑菇云，标志着中国成为第四个拥有氢弹的国家。1970年4月24日21时，我国第一颗人造地球卫星“东方红一号”发射成功，标志着中国成为第五个发射人造卫星的国家，由此开启了中国人的航天纪元。导弹、核弹、卫星是国家实力的象征。我国从一个一穷二白的落后农业国，到拥有“两弹一星”，速度之快，举世瞩目。“两弹一星”是中国科技史上的壮举，是科研工作者完成的不朽伟业。1999年9月18日，中共中央、国务院、中央军委将“两弹一星”功勋奖章授予邓稼先、钱三强、钱学森、朱光亚、赵九章等23名为“两弹一星”事业做出突出贡献的科学家。

▲ 2016年6月25日长征七号火箭首飞成功　　摄影：何卫国

邓小平曾经说：“如果60年代以来中国没有原子弹、氢弹，没有发射卫星，中国就不能叫有重要影响力的大国，就没有现在这样的国际地位。这些东西反映了一个民族的能力，也是一个民族、一个国家兴旺发达的标志。”这番话是对“两弹一星”伟大意义的最好诠释。“两弹一星”及其研发过程中展现出的中国人艰苦创业、拼搏奋斗的精神，永远是中华民族的骄傲。

延伸阅读：人民科学家钱学森

钱学森是为中国国防事业和科技发展做出巨大贡献的科学家，是中国留学归国人员中的典范，是享有崇高威望的人民科学家。

1955 年 9 月 17 日，钱学森一家从美国旧金山踏上了回归祖国的路程。为了这一刻的到来，钱学森整整准备了 20 年。

1935 年，心怀"航空救国"理想与使命的钱学森赴美求学。"现在中国政局混乱，豺狼当道，我到美国去学技术是暂时的，学成之后，一定回来为祖国效力。"临行前钱学森曾这样向同学表露心声。带着强烈的民族自尊心和使命感，到美国仅一年，钱学森就学完了所有的研究生课程，拿到了航空硕士的学位。1936 年 10 月，钱学森赴加州理工学院，开始学习和研究航空工程理论。此后，钱学森在科学的领域里不断创造佳绩。

▲ 钱学森

1949 年 10 月 6 日，钱学森夫妇和十几名中国留美学生在加州理工学院附近的一个街心公园共度中秋佳节，他们兴奋地谈起新中国成立的特大喜讯，商议着如何早日回国服务。1950 年，钱学森带上了 800 公斤重的书籍、笔记本准备举家回国。但是，美国方面非法扣留了钱学森。面对美方的挽留，钱学森坚定地说："我不能再留在美国，新中国已经成立了，我是一定要回到祖国去的，这没有什么可商量的。"

1955 年 6 月，在钱学森的不懈努力和中国政府的交涉下，美国移民当局最终不得不同意放行钱学森。在回国的邮轮上，钱学森激动地说："今后我将竭尽努力，和中国人民一道建设自己的国家，使我的同胞能过上有尊严的幸福生活。"

钱学森回国时，新中国刚刚成立不久。为了国家能长久的独立强大，火箭、导弹的研制和发展迫在眉睫。

1956年10月8日，钱学森受命负责组建起了我国第一个火箭、导弹研究机构——国防部第五研究院。

开始起步异常艰难。当时五院所在的北京车道沟原兵器招待所还是个野草丛生、人迹罕至的荒凉之地，交通不便，设施简陋。除钱学森以外的其他工作人员对即将从事的导弹专业竟然一无所知。但他们靠钱学森一笔一画撰写的教材——《导弹概论》，开始进行导弹基础知识"扫盲"并成长为共和国的第一代航天人。后来，在钱学森的倡导下，导弹技术训练班继续开办了下去。

1958年，中国科学院成立以钱学森为组长的领导小组，负责筹建人造卫星、运载火箭以及卫星探测仪器和空间物理的设计、研究机构。1964年6月，我国第一次自行设计的中近程导弹飞行试验成功。

1966年10月，钱学森协助聂荣臻元帅，在酒泉发射场直接领导了用中近程导弹运载原子弹的"两弹结合"飞行试验，导弹飞行正常，原子弹在预定距离和高度实现核爆炸。这次史无前例的试验标志着中国开始有了用于自卫的导弹核武器。

1970年4月24日，"东方红一号"卫星成功发射，《东方红》乐曲传遍全球……

如今，中国已经成为名副其实的航空大国，钱学森的名字也将永远镌刻在中国航天事业的史册上。

2009年10月31日，这位被誉为人民科学家的科学巨擘走完98年的人生历程，溘然长逝。

5. 研制核潜艇，以威慑对付威胁

核潜艇是以核燃料为动力的潜艇，续航能力很强，是名副其实的水下杀手。而装载配备核导弹的战略导弹核潜艇不仅可对敌实施有效核威慑，还将成为第二次核打击的撒手锏，可以有力遏制他国的核讹诈。这是中国研发战略导弹核潜艇的目的。

▲ 中国核潜艇　　摄影：牟健为

但核潜艇建造难度大、价格昂贵。包括我国在内，世界上目前只有 6 个国家拥有核潜艇。1966 年，我国白手起家，开始了研发核潜艇的坎坷历程。核潜艇研制之初集结了各行各业 29 名专家，当时他们手中仅有的参考资料是两张模糊不清的核潜艇照片和两件分别从美国和香港带回来的儿童航模玩具。研究者首先用木头按 1 ∶ 1 比例制造了一个核潜艇模型。经过几个寒暑的艰辛摸索和科技攻关，到 1970 年，091 型核动力潜艇成功下水，编号为 401 艇，这是我国首艘核潜艇。在此基础上我国又成功建造了 092 型核潜艇。首艘 092

型核潜艇于 1981 年建成下水，这是我国第一艘战略导弹核潜艇。自此，中国终于从无到有，拥有了“三位一体”的核打击力量。

延伸阅读：誓干惊天动地事、甘做隐姓埋名人的黄旭华

我国第一代核潜艇总设计师黄旭华，为国家利益隐姓埋名、默默工作，60 多年来潜心技术攻关，为核潜艇研制和跨越式发展做出了巨大贡献。

▲ 黄旭华

黄旭华在入党申请书里写了这样一段话：“党需要我把血一次流光我要做到，党如果不是要求一次流光，而是一滴一滴慢慢流，一直流尽为止，我也坚决做到。”

黄旭华是世界上核潜艇总设计师亲自下水做深潜试验的第一人。他说：“人都是爱惜自己的生命的，我也是一样。严格来讲，这也叫作‘贪生怕死’。贪生，爱惜我的生命；怕死，是怕没有价值的死。我下去一定要把试验数据完完整整拿回来，而不是硬装好汉，去让大家牺牲。”

黄旭华今年 95 岁了，他说：“离开母亲的时候，答应她要常常回家看看。但那之后 30 年没有回家，我没遵守这个诺言，但恪守了对组织的承诺，就是绝对保守国家的机密，这点我做到了。因此，我虽然有那么多遗憾，但是无怨无悔。”

6. 改天换地——在社会主义革命和建设时期完成兴国大业

新中国成立之初，我国面临的国际国内形势是异常艰难和复杂的。由于长期战争，国内经济凋敝，民不聊生。国民党残余伺机破坏，匪患严重。有些地方还未得到解放，很多基层还未建立政权。以美国为首的西方国家在政治上孤立我们、在经济上封锁我们、在军事上威胁我们。1950 年 6 月 25 日，朝鲜内战爆发，随后美国入侵朝鲜，同时派第七舰队侵入台湾海峡。新生的中华人民共和国遭到严重安全威胁。经过充分讨论和全面衡量，党中央和毛泽东主席作出了“抗美援朝，保家卫国”的战略决策。抗美援朝战争打出了新中国的国威军威，提高了中国共产党在全国人民中的威望，提高了中国人民的民族自信心和民族自豪感，维护了亚洲和世界和平，新中国站稳了脚跟。

同样，怎样建设社会主义，如何推进中国的现代化，对新中国成立之初的中国共产党来说，也是一个全新的课题。中国共产党从学习苏联到“以苏为鉴”，开始探索中国自己的社会主义建设道路。1956 年，我国社会主义改造完成，确立起社会主义基本制度，并开始大规模进行社会主义建设，取得巨大的成就。1954 年 6 月，毛泽东同志曾这样提出过问题：“现在我们能造什么？能造桌子椅子，能造茶碗茶壶，能种粮食，还能磨成面粉，还能造纸，但是，一辆汽车、一架飞机、一辆坦克、一辆拖拉机都不能造。”在中国共产党的坚强领导下，经过全国人民自力更生、艰苦奋斗，我们很快有了中国历史上的无数个第一：生产出第一架飞机、第一辆汽车、第一台拖拉机，自行研制第一颗原子弹、氢弹先后爆炸成功，自行研制第一颗人造地球卫星发射成功，自行研制第一艘核潜艇顺利下水，自行设计建造第一座大桥——南京长江大桥，在世界上首次人工合成牛胰岛素，首次培育成功强优势籼型杂交水稻等。经过 20 多年的奋斗，初步建立起独立的比较完整的工业体系和国民经济体系。在这一时期，我国还初步解决了几亿人的吃饭穿衣问题，这在当时也被认为是创造了一个世界奇迹。

在那个激情燃烧的岁月，全党保持了良好精神状态，全社会形成了良好社会风气，进而转化为推进社会主义革命和建设的强大力量。大庆工人王进喜同志喊出“石油工人一声吼，地球也要抖三抖”，铁人精神给全国人民带来了难忘的印象、记忆和感动，激励和鼓舞全国人民不畏艰难、勇往直前。河南林县人民用简陋的工具，劈开太行山的重峦叠嶂，引漳河水入林县，建成“人造天河”红旗渠的事迹，就是这时全国人民奋发图强的一个缩影。

进行社会主义革命，确立社会主义基本制度，这是以毛泽东同志为核心的党的第一代中央领导集体，团结带领全党全国各族人民进行的伟大创造，体现了中国人民的意愿，符合中国的实际，顺应了历史发展的潮流。这场中华民族有史以来最为广泛而深刻的社会变革，为当代中国一切发展进步奠定了根本政治前提和制度基础，为开创中国特色社会主义提供了宝贵经验、理论准备、物质基础。

中国共产党在新民主主义革命时期、社会主义革命和建设时期团结带领中国人民实现了中华民族从“东亚病夫”到站起来的伟大飞跃。

延伸阅读：艰难曲折的前进

中华人民共和国成立后，中国共产党开始探索如何在中国这样一个经济、文化比较落后的国家建设社会主义。在1956年4月25日的中共中央政治局扩大会议上，毛泽东做了《论十大关系》的报告，提出要把马克思主义普遍原理和中国实际进行“第二次结合”，独立探索一条适合中国国情的社会主义建设道路。随后召开的中共八大拉开了全面建设社会主义的序幕。

1957年2月在最高国务会议第十一次（扩大）会议上，毛泽东做了《关于正确处理人民内部矛盾的问题》的报告，提出把正确处理人民内部矛盾作为国家政治生活的主题，严格区分和正确处理社会主义社会的敌我矛盾和人民内部矛盾两类不同性质矛盾，并确立了处理人民内部矛盾的指导方针。这是探索中国社会主义建设道路、搞好国家治理的最新理论和实践成果。

也是在1957年，我国开始执行第二个五年计划。但是到了1958年，由于缺乏经验，我国在社会主义建设道路上低估了现实困难，按照“大跃进”的要求，“二五”期间我国工农业产值必须几倍几十倍地增长。由于在经济发展上制定了不切实际的高指标，结果导致浮夸风盛行。1959—1961年，我国遭遇三年自然灾害，“大跃进”所导致的国民经济严重比例失调的弊端暴露出来，全国出现粮食和副食品短缺的危机，人民群众的生活遇到了严重的困难。

1960年，中共中央根据实际情况，开始对经济进行整顿和调整。到1962年，国民经济开始好转。此后国家经济进入三年调整时期。1966年，我国开始执行第三个五年计划。尽管受到“文化大革命”的影响，到1970年，“三五”计划主要指标仍基本上完成或超额完成。

尽管遭遇了严重挫折，1956—1976年的社会主义建设仍然取得许多令人瞩目的成就。首先，我国在这一时期完成了第二、第三个五年计划，工业产值显著增长，初步奠定了工业基础，使我国摆脱了一穷二白的面貌，使古老的中国以崭新的姿态屹立在世界的东方。这一时期教育也得到普及，为国家培育和储备了大量高素质的劳动力。“两弹一星”等尖端科学技术取得突破，为国防安全创造了有利条件。在社会主义建设理论和实践方面，虽然有许多失误，但取得了许多宝贵的经验教训。这些都为后来的改革开放和经济腾飞奠定了基础。

7. 小岗村的手印

中国的改革开放首先是从农村开始的，小岗村被称为“中国农村改革第一村”。

▲ 小岗村村民

“凤阳地多不打粮，碾子一住就逃荒。只有凤阳女出嫁，不见新娘进凤阳。”这是20世纪70年代流传在安徽凤阳的一段花鼓词。那时候，凤阳可是安徽出了名的穷地方，而凤阳的小岗村，更是有名的“三靠村”，即吃粮靠返销，用钱靠救济，生产靠贷款。

但是当1978年到来时，一切都悄然发生了变化。那是一个冬夜，在小岗村一个低矮的茅草屋里，18个村民在一份“大包干”的协议书上，按上了自己的手印。所谓“大包干”，是指包干到户，也就是把土地承包给个人种植。在当时，这可是一件违法的事，搞不好很可能要坐牢，因为这是在鼓励私有制。可是村民已经顾不了那么多了，过去的一段时间，小岗村有好多人吃不上饭，为了活命，也只能拼命一搏。

谁也没料到，这18个手印，竟然拉开了中国农村改革的序幕。自此，全国许多地方开始实行包干到户，也就是“家庭联产承包责任制”，把土地交给农户个体，粮食打多打少，均由个体自负盈亏。可别小看这一举措，因为正是如此，农民们从根本上解决了温饱问题。农村一改往日的死气沉沉，爆发出前所未有的活力。

延伸阅读：大碗茶的故事

1979年夏天，一个叫尹盛喜的北京知识青年，不时地在北京前门来回踱着，思考自己作为一个街道办基层干部，到底该如何去帮助身边大量回城知青和无业人员解决就业的问题。他看见周围除了几个照相摊，甚至连个喝水的地方都没有，于是，灵机一动，想出了一条卖大碗茶的出路。

▲ 北京大碗茶

那时候，很少有人知道什么叫“下海”，更没有人敢丢下铁饭碗去“下海”。但尹盛喜却敢，结果，他成了第一个吃螃蟹的人。没想到，第一天生意就非常火爆，差不多卖了 3000 多碗大碗茶。紧接着，北京城又出现了好多茶摊。就这样，大碗茶成了 1979 年夏季北京城最亮丽的一道风景。

尹盛喜的成功既得益于脑筋灵活，营销能力强，更得益于政府的大力支持。据说，他创办的“青年茶社”获得三年免税的政策照顾。这是改革开放这项国策给予的福利。几个月后，尹盛喜再次创新商业模式，在茶摊周边又卖起了手套、围巾和白酒。结果，当初的茶摊越变越大。

1984 年，尹盛喜终于创办了自己的贸易公司。不过，尹盛喜最喜欢做的还是大碗茶的生意。这一次，他从文化入手，把大碗茶摊改造成了“老舍茶馆”。对尹盛喜来说，这是个了不起的创举，他将文化和商业相结合，开创了以文化传播和商贸结合的新的经营模式，保证了事业的长久发展。

8. 举世瞩目的“深圳速度”

中国改革开放的成功，离不开经济特区的推动。经济特区是改革开放的前沿阵地，为中国的改革试航提供了最为宝贵的经验。深圳是最早的经济特区之一，它的战略意义是不言而喻的。1982 年，为了提升深圳的城市形象，当地政府决

▼ 深圳经济特区

定建一座中国最高楼。一年后，国贸大厦进入主楼施工阶段，最快时曾创造了“三天盖好一层楼”的奇迹。这就是“深圳速度”的最早出处。

“深圳速度”在一个人的身上体现得最明显，他就是蛇口工业区的实际主导者袁庚。1978 年，在对香港考察一番后，时任交通部香港招商局常务副董的袁庚向党中央提出建设蛇口工业区的想法。在中央领导的支持下，袁庚大刀阔斧地推行改革，仅用了一年时间，就让蛇口工业区从想法变成现实。

更加了不起的是，从 1979 到 1984 年，袁庚领导蛇口人创造了 24 个全国第一：第一个进行民主选举，第一个进行人才公开招聘，第一个改革人事制度；创办第一家股份制中外合资企业，创办大陆第一家股份制商业银行——招商银行，创办大陆第一家由企业合股兴办的保险公司——平安保险，等等。

总之，袁庚领导的蛇口工业区，是对“深圳速度”的最好诠释。这种诠释可以概括为一句话：“时间就是金钱，效率就是生命。”也可以概括为“敢想、敢言、敢试、敢闯、敢为天下先”的“五敢精神”。

延伸阅读：改革开放的排头兵

中国改革开放的成功，离不开经济特区。经济特区是改革开放的前沿阵地，为中国这艘大船的改革试航，提供了最为宝贵的经验。深圳是最早的经济特区之一，它的战略意义是不言而喻的。

珠海，一开始时和大多数特区一样，将发展经济视为重中之重。不过，不一样的是，珠海特别注重经济发展和环境保护的平衡。所以，珠海走出一条主动摒弃高能耗企业、大力发展外贸以及高科技产业的道路。另外，珠海率先实现 12 年义务教育，在全国教育改革中迈出坚实步伐。

继珠海之后是汕头。民间有句话叫“三分天注定，七分靠打拼”，汕头的经济特区是拼出来和闯出来的。因为汕头是全国有名的侨乡，所以它先是积极借助华侨力量引入投资；接着，从服务质量和工作效率入手，在全国创造了多个率先，比如“24小时审批答复制度”就是个典型案例。此外，汕头因为属于潮汕地区，还特别注重本土文化的开发和创新。

厦门是改革开放中涌现的又一个独具特色的经济特区。因为毗邻台湾，厦门在吸引投资方面有着突出的优势。而且因为是优良港口，国际贸易也非常发达。不过，更重要的是，作为经济特区和侨乡，像以爱国为核心的“陈嘉庚精神”、以坚强不屈为特征的老一辈移山填海的“海堤精神”等，都是厦门长远发展的基因。

海南是我国第五个经济特区，也是最大的一个经济特区，从一开始，就受到普遍关注。因为独特的位置和环境，具有得天独厚的发展潜力和优势。中央先后出台政策，支持海南建设国际旅游区、设立自由贸易试验区。当前，海南的开发建设进入一个前所未有的新时期。为弥补人才短缺的瓶颈，海南省出台吸引人才的优惠政策，落实“十万人才下海南”的措施。相信海南的腾飞，指日可待。

2010年5月，中央正式批准设立位于新疆的喀什经济特区和霍尔果斯经济特区。它们的兴起得益于“一带一路”的大背景。海洋可以带来经济的繁荣，大陆同样可以。就拿喀什来说，因为毗邻四个国家，区位优势非常明显，这是开展贸易的显著优势。而且喀什是历史文化名城，旅游业非常发达。霍尔果斯经济特区虽然比较小，也没有喀什那么大名气，可它是中哈贸易的重要站点，所以，战略位置不能忽略。更何况它毗邻北疆，对新疆的整体发展，有非常重要的意义。

9. 智慧浦东·创见世界

“宁要浦西一张床，不要浦东一间房”，这是从前流传在上海的说法。现在的浦东——陆家嘴、东方明珠、杨浦大桥……是一片繁荣景象。

1990 年 4 月 18 日，党中央、国务院宣布开发开放上海浦东。自实行开发开放政策以来，因改革开放而生、因改革开放而兴的浦东，经济社会持续快速发展，成为“中国改革开放的象征”和“上海现代化建设的缩影”。

2005 年 6 月 21 日，国务院批准浦东进行全国首个综合配套改革试点。2013 年 9 月 29 日，中国（上海）自由贸易试验区挂牌成立。按照国务院批准的总体方案，着力推进投资、贸易、金融创新、事中事后监管等领域的制度创新。自贸试验区建设以来，累计总结了 100 多项制度创新成果，分领域、分层次在全国进行复制推广。

2013 年 1 月 29 日，浦东入选中华人民共和国住房和城乡建设部第一批国家智慧城市试点名单。2018 年 10 月 22 日，入选 2018 年全国农村一二三产业融合发展先导区创建名单。2019 年 6 月 25 日，上海市人民政府加大放权力度，浦东新区被赋

▼ 上海浦东新区

予市场经济管理权限。

新思想引领新时代，新目标开启新征程。浦东将坚持稳中求进的工作总基调，坚持新发展理念，按照高质量发展的要求，统筹推进“五位一体”总体布局和协调推进“四个全面”战略布局，全力做好稳增长、促改革、调结构、惠民生等各项工作，努力把浦东建设成为上海服务、上海制造、上海购物、上海文化品牌的核心承载区，勇当新时代全国改革开放、创新发展的标杆。

延伸阅读：引领者

浦东新区的成立，开了一个好头。此后，一个又一个国家级新区纷纷组建。它们是一个个龙头、一个个发动机、一个个先行示范区。

继上海之后，天津滨海新区是又一个国家级新区。改革开放以来，东西差距日渐缩小，但南北经济差距却有拉大的趋势。滨海新区的成立，为北方经济的发展注入了强大的活力。

此外，还有珠海的横琴新区，这是一个岛屿式的新区。此前这里一直属于边防禁区，新区成立后，这里变得生机勃勃。尤其是因为毗邻澳门，彼此的往来非常密切。舟山群岛新区也是一个国家级新区，它的发展目标是成为新加坡和香港那样的一流港口城市。

另外属于东部地区的新区有南沙新区。作为南海的一个重要基地，南沙的战略地位是不言而喻的。中国设立南沙新区，既是为了巩固国防，同时也是为了深度开发南海。

青岛西海岸新区最大的特点就是加快军民融合，创造经济发展的新模式。还有江苏的江北新区、福建的福州新区，以及位于大连的金普新区，这是东北三省的第一个国家级新区，也是振兴东北老工业基地的一个重要机遇。此后，东北地区又新添了长春新区和哈尔滨新区。

国家在东部沿海布局新区的同时，也把目光转向西部。重庆的两江新区是我国第三个，也是西部第一个国家级新区，主要以科技创新为特色，力求成为长江上游新的增长带。兰州新区是西部第二个国家级新区，它的崛起得益于“一带一路”倡议的实施。同为西部国家级新区的还有陕西的西咸新区，这是关中大地上的又一项伟大事业。在四川的天府新区，电子信息、汽车制造、新能源、新材料以及生物医药，是其重点打造的特色。贵州的贵安新区，重点打造的是大数据产业。另一个就是位于云南的滇中新区，打造中国联系南亚以及东南亚的桥头堡。

国家在中部地区也设置了新区，最著名的是雄安新区。2017 年，雄安新区被正式确立为国家级新区。这注定是一个不平凡的新区，它不仅承担着中部崛起的重任，更承担着北京非首都功能疏解，推动京、津、冀协同发展的重任。目前，各项工作正在有序进行，相信不久的将来，会耀眼全球。此外，湖南有湘江新区，江西有赣江新区。

10.“一国两制”，促进祖国统一

“一国两制”即“一个国家，两种制度”的简称。“一国两制”指的是在中华人民共和国境内，大陆、内地实行社会主义制度，回归祖国的香港、澳门和将来统一后的台湾，由于特殊的历史原因和当前的实际情况，仍实行原来的制度。这是中国共产党为妥善解决祖国大陆和台湾和平统一问题以及在香港、澳门恢复行使中国主权而制定的基本国策，即在中华人民共和国内，大陆坚持社会主义制度作为整个国家的政体，同时允许

▲ 香港回归政权交接仪式

台湾、香港、澳门保留资本主义制度。

1997年7月1日，英国结束对香港的殖民统治，香港回归祖国，中华人民共和国政府对香港恢复行使主权，中华人民共和国香港特别行政区成立。

英国对香港的殖民统治，是在第一次鸦片战争之后。当时清政府战败，于1842年8月29日与英国签订《南京条约》，将香港岛及鸭脷洲割让给英国。1860年10月，第二次鸦片战争清政府再次战败，被迫签订《北京条约》，将九龙半岛（时称九龙司地方一区）界限街以南及昂船洲交给英国管治。1898年，清政府与英国签订《展拓香港界址专条》，将界限街以北深圳河以南九龙半岛北部大片土地及其附近的230个大小岛屿总计975.1平方千米的土地租借给英国，并将租借地称为“新界”，租期为99年。从1898年7月1日开始，至1997年6月30日期满。英国从而占领香港全境。

▲ 澳门回归政权交接仪式

1982年9月，英国政府与中华人民共和国政府开始就香港问题展开谈判。中英双方经过两年多达22轮的谈判，最终在1984年12月19日正式签署了《中英联合声明》，决定从1997年7月1日起，英国政府将香港的主权交还给中国。中国在香港成立特别行政区，开始对香港岛、界限街以南的九龙半岛、新界等土地重新行使主权和治权。

1999 年 12 月 20 日，澳门回归，中国政府恢复对澳门行使主权，中华人民共和国澳门特别行政区成立，葡萄牙共和国结束对澳门的统治。

葡萄牙开始对澳门的殖民统治，是在 1553 年（明嘉靖三十二年）。当时葡萄牙人托言商船被风浪冲击裂缝，货船潮湿，要求借地晾晒，于是贿赂地方官吏汪柏，取得了停靠澳门码头进行贸易的权利，于 1557 年正式在澳门定居。1582 年（明万历十年），中葡订立澳门借地协约。在澳门的葡萄牙人每年向香山县缴纳地租 500 两白银。1840 年鸦片战争，清政府战败。葡萄牙借机于 1849 年后相继占领了澳门半岛、氹仔岛和路环岛。1874 年（清同治十三年）葡萄牙人闯入香山筑新关闸，擅自以此为澳门之界。1887 年 12 月，清政府与葡萄牙签订《中葡友好通商条约》，确认葡萄牙可长驻并管理澳门。

1985 年 5 月，葡萄牙总统埃亚内斯应邀访问中国，同中国政府就解决澳门问题进行友好磋商。双方认为解决澳门问题时机已经成熟。访问结束后发表联合公报，双方决定将就澳门问题于 1986 年上半年在北京进行谈判。1986 年 6 月，中葡在北京就澳门问题举行首轮会谈。1987 年 4 月 13 日，中葡两国政府签订了《中华人民共和国政府和葡萄牙共和国政府关于澳门问题的联合声明》，宣布澳门地区是中国的领土，中华人民共和国于 1999 年 12 月 20 日对澳门恢复行使主权。

延伸阅读：推动两岸关系和平发展

在坚决维护香港、澳门稳定繁荣的同时，党中央坚定不移按照“和平统一、一国两制”方针推进祖国和平统一大业。

进入新世纪，“台独”分裂活动不断加剧，台湾陈水扁当局图谋通过“宪政改造”，以所谓“宪法”和“法律”的形式把台湾从中国分割出去，给海峡两岸关系和平稳定发展造成严重影响。党中央将反对和遏制“台独”摆在对台工作更为突出的位置。2005年3月4日，胡锦涛就发展两岸关系提出四点意见，强调坚持一个中国原则决不动摇，争取和平统一的努力决不放弃，贯彻寄希望于台湾人民的方针决不改变，反对“台独”分裂活动决不妥协。这四个“决不”的主张，在海峡两岸和国际社会产生重大反响。3月14日，十届全国人大三次会议高票通过《反分裂国家法》，强调“台独”分裂势力以任何名义、任何方式造成台湾从中国分裂出去的事实，或者发生将会导致台湾从中国分裂出去的重大事变，或者和平统一的可能性完全丧失，国家得采取非和平方式及其他必要措施，捍卫国家主权和领土完整。这充分表明全中国人民反对“台独”、维护国家统一和领土完整的共同意志和坚定决心。对台政策由此进入“以法遏独、以法促统”的新阶段。

同时，中共中央积极推动两岸政党交流。2005年4月29日，中共中央总书记胡锦涛在北京会见中国国民党主席连战，实现了60年来中国共产党和中国国民党主要领导人之间第一次历史性握手。会后发表《两岸和平发展共同愿景》，国共两党达成一系列共识。2006年4月，中国共产党和中国国民党共同举办首届两岸经贸论坛，10月，共同举办两岸农业合作论坛。通过论坛平台，大陆方面推出多项促进两岸交流合作、惠及台湾同胞的政策措施，促进了两岸关系的发展。

2008年3月，顽固坚持“台独”立场的民进党下台，国民党重新上台，台湾局势出现积极变化。12月31日，胡锦涛在纪念《告台湾同胞书》发表30周年座谈会上全面系统阐述了两岸关系和平发展重要思想，提出推动两岸关系和平发展的六点主张，指明了推动两岸关系和平发展是实现和平统一的必由之路，对进一步推动两岸关系发展具有重要指导意义。

两岸双方本着“建立互信、搁置争议、求同存异、共创双赢”的精神，共同致力于两岸关系改善与发展。2008 年 6 月，海协会与台湾海基会在“九二共识”基础上恢复制度化协商。12 月，两岸海、空直航及直接通邮正式启动，两岸全面直接双向“三通”迈开历史性步伐。2010 年 6 月，《海峡两岸经济合作框架协议》的签署，推进了两岸经济合作机制化、制度化进程。

随着两岸经贸关系逐渐迈入正常化，两岸在学术、文化、教育、新闻、体育、宗教等方面的交流交往不断深化。从 2009 年开始，每年举办一届海峡论坛。2011 年 6 月，大陆居民赴台个人游正式启动。中国政府还妥善处理了台湾参加世界卫生大会、亚太经合组织领导人非正式会议等涉台外交问题，在协助处理台胞涉外纠纷等事务中切实维护台胞的合法权益，照顾台胞福祉。这一系列举措，既获得了台湾岛内民众的欢迎和赞誉，又巩固了国际社会一个中国的格局，为两岸关系的和平发展增添了积极因素。

11. 邓小平南方谈话

随着苏联解体、东欧剧变，社会主义在世界范围内的实践陷入低潮。冷战结束后，世界开始走向多极化，经济全球化进程加快，周边一些国家呈现强劲发展势头。而我国社会主义事业发展面临巨大的困难和压力。经过治理整顿，我国经济走出了低谷，但经济运行中存在的深层次问题尚未得到根本解决。世界社会主义发生的严重曲折对我国也产生一定的负面影响，有人对社会主义前途缺乏信心，也有人对改革开放产生怀疑，提出姓“社”还是姓“资”的疑问。能否坚持党的基本路线不动摇，抓住机遇、加快发展，把改革开放和现代化建设继续推向前进，成为中国共产党人必须回答和解决的重大课题。

在党和国家历史发展的紧要关头，1992 年 1 月 18 日至 2 月 21 日，88 岁高龄的邓小平先后到武昌、深圳、珠海、上海等地视察。他一路走，一路看，发表了一系列重要谈话。

对如何推进改革开放，邓小平在谈话中指出，革命是解放生产力，改革也是解放生产力。改革开放胆子要大一些，敢于试验。看准了的，就大胆地试，大胆地闯。改革开放迈不开步子，不敢闯，说来说去就是怕资本主义的东西多了，走了资本主义道路。要害是姓“资”还是姓“社”的问题。判断的标准，应该主要看是否有利于发展社会主义社会的生产力，是否有利于增强社会主义国家的综合国力，是否有利于提高人民的生活水平。针对一些人对改革开放的非议和责难，邓小平强调，右可以葬送社会主义，“左”也可以葬送社会主义。中国要警惕右，但主要是防止“左”。他指出，恐怕再有 30 年的时间，我们才会在各方面形成一整套更加成熟、更加定型的制度。在这个制度下的方针、政策，也将更加定型化。

关于计划和市场的关系，邓小平指出，计划多一点还是市场多一点，不是社会主义与资本主义的本质区别。计划和市场都是经济手段。他鲜明地提出，社会主义的本质是解放生产力，发展生产力，消灭剥削，消除两极分化，最终达到共同富裕。他还指出，社会主义要赢得与资本主义相比较的优势，就必须大胆吸收和借鉴人类社会创造的一切文明成果，吸收和借鉴当今世界各国包括资本主义发达国家的一切反映现代社会化生产规律的先进经营方式、管理方法。

抓住时机，加快发展，是邓小平在谈话中反复强调的重大问题之一。他指出，周边一些国家和地区经济发展比我们快，如果我们不发展或发展得太慢，老百姓一比较就有问题了。要抓住时机，发展自己，关键是发展经济。发展才是硬道理。在今后的现代化建设长过程中，出现若干个发展速度比较快、效益比较好的阶段，是必要的，也是能够办到的。我们就是要有这个雄心壮志！邓小平认为，解决中国的发展问题，关键是要坚持党的基本路线不动摇。他强调，要坚持党的十一届三中全会以来的路线、方针、政策，关键是坚持“一个中心、两个基本点”。不坚持社会主义，不改革开放，不发展经济，不改善人民生活，只能是死路一条。基本路线要管一百年，动摇不得。

在谈话中，邓小平还阐述了其他一些具有战略指导意义的重要思想。他强调：在整个改革开放的过程中，必须始终注意坚持四项基本原则。要坚持两手抓，一手抓改革开放，一手抓打击各种犯罪活动。两只手都要硬。坚持两手抓，社会主义精神文明建设就可以搞上去。在整个改革开放过程中都要反对腐败。中国的事情能不能办好，社会主义和改革开放能不能坚持，经济能不能快一点发展起来，国家能不能长治久安，从一定意义上说，关键在人。说到底，关键是我们共产党内部要搞好，不出事。

面对世界社会主义出现的低潮，邓小平满怀信心地指出：我坚信，世界上赞成马克思主义的人会多起来的，因为马克思主义是科学。不要惊慌失措，不要认为马克思主义就消失了，没用了，失败了。哪有这回事！一些国家出现严重曲折，社会主义好像被削弱了，但人民经受锻炼，从中吸收教训，将促进社会主义向着更加健康的方向发展。他强调，巩固和发展社会主义制度，还需要一个很长的历史阶段，需要我们几代人、十几代人，甚至几十代人坚持不懈地努力奋斗，决不能掉以轻心。我们要在建设有中国特色的社会主义道路上继续前进。从现在起到下世纪中叶，将是很要紧的时期，我们要埋头苦干。

延伸阅读：南方谈话的现实意义

“东方风来满眼春。”邓小平南方谈话阐发的一系列全新的思想，犹如一股强劲的东风，驱散了人们思想上的迷雾。它从理论上深刻回答了长期困扰和束缚人们思想的许多重大问题，是把改革开放和现代化建设推向新阶段的又一个解放思想、实事求是的宣言书，不仅对即将召开的党的十四大具有十分重要的指导作用，而且对中国整个社会主义现代化建设事业具有重大而深远的意义。

南方谈话，使邓小平一生的光辉业绩达到新的高度。邓小平同志是全党全军全国各族人民公认的享有崇高威望的卓越领导人，伟大的马克思主义者，伟大的无产阶级革命家、政治家、军事家、外交家，中国社会主义改革开放和现代化建设的总设计师，中国特色社会主义道路的开创者，邓小平理论的主要创立者。如果没有邓小平，中国人民就不可能有今天的新生活，中国就不可能有今天改革开放的新局面和社会主义现代化的光明前景。作为一代伟人，邓小平作出的光辉业绩、创立的科学理论，已经并将继续改变和影响着中国和世界。

12. 抗洪救灾精神

1998 年夏，我国江南、华南大部分地区及北方局部地区普降大暴雨到特大暴雨。长江干流及鄱阳湖、洞庭湖水系、珠江、闽江和嫩江、松花江等江河相继发生了有史以来的特大洪水。受灾人数之众、地域之广、历时之长，世所罕见。在党中央和国务院的英明领导和决策下，数百万军民众志成城，奋起

▲ 1998 年 9 月 15 日清晨，首批 6000 多名人民子弟兵胜利完成抗洪任务撤离江西九江。闻讯而来的 25 万九江市民挥泪送行　　摄影：周国强

抗洪。一方有难，八方支援，中华儿女用钢铁般的意志和大无畏的英雄气概，谱写了一曲又一曲气吞山河的抗洪壮歌。

汛情牵动中南海，中央领导亲临一线指挥；党心紧系军心民心，党中央密切关注着灾情发展趋势和抗灾进展，时刻牵挂着受灾群众和抢险军民，各级党组织充分发挥了党的领导核心作用；洪水无情人有情，全国人民情系灾区，一列列火车、一架架飞机、一队队汽车满载着物资，满载着各地群众的深情厚谊，从各个方向往灾区集结。

为了战胜这场特大自然灾害，解放军和武警部队共投入兵力 36 万多人，地方党委和政府组织调动了 800 多万名干部群众参加抗洪抢险；加上为抗洪抢险提供直接服务的各部门、各地区、各系统的力量，总数达上亿人参加了抗洪抢险；而其他以不同的方式关心、支持抗洪抢险的人更是难以计数。在这场伟大的抗洪抢险斗争中，形成了万众一心、众志成城、不怕困难、顽强拼搏、坚韧不拔的抗洪精神，这是无比珍贵的精神财富。

“九八抗洪精神”的实质是，以公而忘私、舍生忘死的共产主义精神为灵魂，以人民利益、国家利益、全局利益至上的大局意识为核心，以团结一致、齐心协力、“一方有难，八方支援”的社会主义大协作精神为纽带，以不怕困难、不畏艰险的革命英雄主义精神为旗帜，以自强不息、贵公重义、艰苦奋斗、同舟共济、坚韧不拔、自尊自励等传统美德为传承，永远发扬光大。

“九八抗洪精神”产生于这次抗洪抢险中，但它根植于我们改造自然和社会的伟大实践中，根植于我们社会制度的优越性、我们事业的正义性，根植于我们党、政府和军队全心全意为人民服务的宗旨中。在这个意义上，“九八抗洪精神”也就成为推动我们整个事业的精神动力，是我们的党魂、军魂和国魂的一种生动体现。

延伸阅读：为1998年特大洪水中奋不顾身的英雄们创作的歌曲《为了谁》

创作背景：1998年，因连日普降暴雨，长江流域发生了自1954年以来的最大洪水。而在抗洪救灾的过程中，解放军用自己的身躯抵挡在洪水面前。《为了谁》的创作就是为了纪念和歌颂在1998年特大洪水中奋不顾身的英雄们而写的，深情讴歌了人民子弟兵英勇无畏、坚强不屈的崇高品质，赞扬了军人不怕苦、不怕累、不怕牺牲的伟大精神。它真挚悠扬的旋律，唱出了军人在和平年代的奉献精神与使命意识，也唱出了全国人民对人民子弟兵的感激和那军民团结的鱼水深情。

《为了谁》是祖海演唱的歌曲，由邹友开作词，孟庆云作曲。1999年10月，该歌曲获中宣部“五个一”工程奖。

为了谁

1=G $\frac{4}{4}$
♩= 86
深情、真挚地

邹友开 词
孟庆云 曲

13. 抗击新冠肺炎和伟大抗疫精神

2020 年伊始，一场突如其来的新冠肺炎疫情肆虐中华大地。这次疫情是新中国成立以来我国遭遇的传播速度最快、感染范围最广、防控难度最大的一次重大突发公共卫生事件，也是百年来全球发生的最严重的传染病大流行。

新冠肺炎疫情发生后，党中央将疫情防控作为头等大事来抓。习近平亲自指挥、亲自部署，坚持把人民生命安全和身体健康放在第一位，提出坚定信心、同舟共济、科学防治、精准施策的总要求。从大年初一起，习近平先后主持召开 14 次中央政治局常委会会议、4 次中央政治局会议以及多次党的重要会议，敏锐洞察、果敢决策，科学指引、沉着应对，周密部署武汉保卫战、湖北保卫战，因时因势制定重大战略策略，带领全党全军全国各族人民迅速打响疫情防控的人民战争、总体战、阻击战。

在党中央坚强领导下，中国人民风雨同舟、众志成城，发扬一方有难、八方支援精神，构筑起疫情防控的坚固防线。广大医务人员白衣为甲、逆行出征，54 万名湖北省和武汉市医务人员同病毒短兵相接，346 支国家医疗队、4 万多名医务人员毅然奔赴前线；各行各业扛起责任，国有企业、公立医院勇挑重担，460 多万个基层党组织冲锋陷阵，400 多万名社区工作者日夜值守，各类民营企业、民办医院、慈善机构、养老院、福利院等积极出力，广大党员、干部带头拼搏，人民解放军指战员、武警部队官兵、公安民警奋勇当先，广大科研人员奋力攻关，数百万快递员冒疫奔忙，180 万名环卫工人起早贪黑，新闻工作者深入一线，千千万万志愿者和普通人默默奉献。经过艰苦卓绝的努力，我国用1个多月的时间初步遏制疫情蔓延势头，用2个月左右的时间将本土每日新增病例控制在个位数以内，用3个月左右的时间取得武汉保卫战、湖北保卫战的决定性成果，进而又接连打了几场局部地区聚集性疫情歼灭战，疫情防控取得重大战略成果。

党中央及时将全国总体防控策略调整为“外防输入、内防反弹”，推动防控工作由应急性超常规防控向常态化防控转变。

在自身面临巨大抗疫压力情况下，我国始终秉持人类命运共同体理念，积极开展抗疫国际和地区合作，倡导构建人类卫生健康共同体。截至2020年12月，我国已向150多个国家和10个国际组织提供抗疫援助，为有需要的34个国家派出36支医疗专家组，向各国提供了2200多亿只口罩、22.5亿件防护服、10.2亿份检测试剂盒，有力支持了世界各国疫情防控。

针对疫情带来的冲击，党中央统筹推进疫情防控和经济社会发展，加大宏观政策应对力度，在全球率先复苏，成为2020年唯一实现正增长的世界主要经济体。

2020年9月8日，全国抗击新冠肺炎疫情表彰大会隆重举行。习近平为“共和国勋章”获得者钟南山，“人民英雄”国家荣誉称号获得者张伯礼、张定宇、陈薇，一一颁授勋章奖章。大会还表彰了全国抗击新冠肺炎疫情先进个人和先进集体、全国优秀共产党员和全国先进基层党组织。习近平在大会上深刻阐述生命至上、举国同心、舍生忘死、尊重科学、命运与共的伟大抗疫精神。生命至上，集中体现了中国人民深厚的仁爱传统和中国共产党人以人民为中心的价值追求。举国同心，集中体现了中国人民万众一心、同甘共苦的团结伟力。舍生忘死，集中体现了中国人民敢于压倒一切困难而不被任何困难所压倒的顽强意志。尊重科学，集中体现了中国人民求真务实、开拓创新的实践品格。命运与共，集中体现了中国人民和衷共济、爱好和平的道义担当。习近平指出：“伟大抗疫精神，同中华民族长期形成的特质禀赋和文化基因一脉相承，是爱国主义、集体主义、社会主义精神的传承和发展，是中国精神的生动诠释，丰富了民族精神和时代精神的内涵。”

延伸阅读：武汉——英雄的城市，英雄的人民

武汉抗疫斗争艰苦卓绝，值得永远铭记。这次疫情暴发正值新春前后，人员流动大，防控形势异常严峻复杂；未知病毒突袭导致湖北省和武汉市医疗资源紧张，湖北省、武汉市关闭离汉离鄂通道，6000万民众身心面临巨大压力，疫情防控、医疗救治和生活保障物资需求巨大。面对复杂形势和严峻挑战，武汉人民奋勇抗疫，付出巨大代价和牺牲，取得武汉保卫战、湖北保卫战的决定性成果，取得疫情防控阻击战重大战略成果。

武汉封城，壮士断腕。湖北省和武汉市面对疫情快速传播蔓延的严重威胁，果断做出对湖北省和武汉市实行封闭管控的重大决断。除夕10时，武汉封城。1400余万人口的城市，为了对抗疫情，在除夕这个本该阖家团圆的日子里，武汉用壮士断腕的气魄，彻底阻断了疫情的传播。这一刻，举世瞩目。封城期间，武汉人民、湖北人民顾全大局、顽强不屈，社区工作者、公安民警、海关关员、基层干部、下沉干部不辞辛劳、日夜值守；快递小哥、环卫工人、道路运输从业人员、企业员工、新闻工作者、志愿者等各行各业工作者敬业奉献、任劳任怨；广大民众扛起责任、众志成城。体现了中华民族同舟共济、守望相助的文化底色，体现了中国人民深厚的家国情怀、天下情怀。

四万白衣，披甲逆行。一声令下，4.26 万白衣战士集结湖北，九零后占据半壁江山，院士专家亲临一线。身披战甲，一往无前，视死如归。没有太多的言语，有的只是英勇无畏。武汉采取一切措施，不计一切代价，全力救治患者、拯救生命。建立统一高效的指挥体系，防控和救治两个战场协同作战，不遗漏一个感染者，不放弃每一位患者，实现“应收尽收、应治尽治、应检尽检、应隔尽隔”。对重症患者，调集最优秀的医生、最先进的设备、最急需的资源进行救治，最大限度提高收治率、治愈率。

火神雷神，大战死神。争分夺秒，勇战死神。4 万余名建筑工人，10 天建成火神山雷神山医院。奇迹，无须多言。雷神山医院建设手册传阅，条条流露必胜信念，处处彰显抗疫决心。他们不要报酬，他们连轴工作，他们自行隔离。他们用自己的双手，筑起抗疫长城。

方舱医院，遍地开花。为了更好地收治轻症患者，减少疫情扩散传播，各地区方舱医院悄然开花，各点突破。方舱医院不是集中营，而是人性光辉最闪亮的地方。护士带头跳舞，“表白墙”上尽是对医护人员的表白。

举国之力，同舟共济。14 亿人支援 1400 万人，世间罕有。各地人民响应国家动员，商人带头捐款捐物，在外华人无偿筹措医疗物资，退役老兵千里送蔬果，平民百姓禁足两个月。用行动诠释爱国之心，用成果反击流言蜚语。全国向湖北地区运送防疫物资、生产物资、生活物资达数百万吨。

2020 年 4 月 8 日零时，湖北所有交通卡点全部放卡。从这一刻起，春天再次降临这座英雄城市。这次疫情之凶险，使全球千百万人感染。武汉早早封城，使得疫情在我国没有过度扩散，为后续防疫控疫抗疫争取了宝贵的时间。封城 76 天后，樱花飘扬，春满武汉。英雄城市，实至名归。

这个以“大”闻名于世的大江大湖大武汉，此次必将让人们记住它的另一种大：大写的英雄。这种大，最艰难的时候钟南山院士含泪赞扬过，如今渡过难关，李兰娟院士也竖起了大拇指：武汉千万人级别核酸检测是全世界罕见的大事。这也是向这座英雄的城市致敬。几进武汉，陪着武汉人渡过最艰难时刻的李兰娟，更明白“千万人级别核酸检测”后大写的了不起和大写的担当。近 990 万人做了核酸检测，加上之前已检测过的人员，累计有 1090.9 万人，除 6 岁以下儿童外做到了全覆盖。

14. 走中国特色强军之路

2017 年 10 月，党的十九大明确，党在新时代的强军目标是建设一支听党指挥、能打胜仗、作风优良的人民军队，并作出新的战略安排，强调确保到 2020 年基本实现机械化，信息化建设取得重大进展，战略能力有大的提升，力争到 2035 年基本实现国防和军队现代化，到本世纪中叶把人民军队全面建成世界一流军队。

2020 年 10 月，党的十九届五中全会提出，加快国防和军队现代化，实现富国和强军相统一。贯彻习近平强军思想，贯彻新时代军事战略方针，坚持党对人民军队的绝对领导，坚持政治建军、改革强军、科技强军、人才强军、依法治军，加快机械化信息化智能化融合发展，全面加强练兵备战，提高捍卫国家主权、安全、发展利益的战略能力，确保 2027 年实现建军百年奋斗目标。

党的十九大把坚持党对人民军队的绝对领导上升为新时代

坚持和发展中国特色社会主义的一条基本方略，把“中央军事委员会实行主席负责制”写入党章，使这一领导体制在党的根本大法中确立下来；把习近平强军思想郑重写入党章，确立习近平强军思想在国防和军队建设中的指导地位。2018 年 8 月，中央军委党的建设会议召开，会后印发《关于加强新时代军队党的建设的决定》，就全面加强新时代军队党的领导和党的建设工作作出战略部署，进一步推进新时代政治建军。2019 年 1 月，中央军委印发《关于全面从严加强部队管理的意见》。10 月，党的十九届四中全会对贯彻军委主席负责制作出新的部署，贯彻军委主席负责制法治化规范化程序化运行进一步得到加强。同时，全会提出构建中国特色社会主义军事政策制度体系，全面推进国防和军队现代化，确保实现党在新时代的强军目标。11 月，中央军委召开基层建设会议并印发《关于加强

▼ 中国航空母舰

新时代军队基层建设的决定》，就全面锻造“三个过硬”基层立起基层建设新标准，有力确保了党对军队的绝对领导直达基层、直达官兵。2020年11月，中央政治局会议审议《军队政治工作条例》，要求全面深入贯彻军委主席负责制，确保绝对忠诚、绝对纯洁、绝对可靠。

强军兴军，人才是关键。2020年10月，中央军委印发《关于加快推进三位一体新型军事人才培养体系建设的决定》。全军积极适应新的形势任务要求，建强联合作战指挥人才、新型作战力量人才、高层次科技创新人才、高水平战略管理人才等各方面人才队伍，各类人才创造活力竞相迸发的局面初步形成。

强军兴军，归根到底要落实到提高军队战斗力这个根本上来，驰而不息推动全部心思向打仗聚焦，各项工作向打仗用劲，确保部队召之即来、来之能战、战之必胜。作为加强练兵备战的重要举措，自2018年1月军委首次统一组织全军开训动员起，习近平连续四年在新年之际向全军发布开训动员令，树立起大抓军事训练的鲜明导向。2020年11月，《中国人民解放军联合作战纲要（试行）》施行，成为新时代作战条令体系的顶层法规。同月，中央军委军事训练会议提出，加快构建新型军事训练体系，加快实现军事训练转型升级，全面提高训练水平和打赢能力。

站在新的历史起点上，面对国家安全环境的深刻变化，面对强国强军的时代要求，新时代国防和军队建设着眼于实现中国梦强军梦，坚持政治建军、改革强军、科技强军、人才强军、依法治军，强军兴军取得历史性成就，实现政治生态重塑、组织形态重塑、力量体系重塑、作风形象重塑。2020年11月，军队已基本实现机械化，信息化建设取得重大进展。人民军队在中国特色强军之路上迈出坚定步伐。

延伸阅读：中华人民共和国成立70周年国庆大阅兵

强国必须强军，军强才能国安。2019年10月1日上午，庆祝中华人民共和国成立70周年阅兵仪式成功举行。国产武器装备亮相。天安门前这条阅兵路，见证了中华人民共和国的成长和人民军队的发展壮大。此次大阅兵规模之大、参阅方队之多、新亮相的武器之全，均创造了历史纪录。

（1）各型飞机160余架、装备580台（套）亮相阅兵场，历史上规模最大；40多型、300多台（套）装备首次参阅，首次亮相的新型武器装备比重较高。每个“首次”都折射出中华人民共和国成立70年来国防和军队建设的发展变化。

这些装备既有陆上攻坚的新锐，也有反恐作战的火力网与无人作战的黑科技。作战要素一应俱全、作战空间无所不含，是全面实施科技兴军战略成果的一次集中大展示。

此次参阅的武器装备涵盖了诸军兵种的主战装备，集中反映了国防科技自主创新70年的建设成就，展示了现役国产主战装备的现代化水平。参阅武器装备数量之多、规模之大、类型之全，都创造了历史之最。

（2）空中作战要素较之历次阅兵最全。绚丽明艳的彩虹带成为空中的“吸睛”亮点，这是九机“箭队”拉烟带给人们的视觉盛宴。

空中梯队由陆海空28个旅团级单位抽组而成，编成12个梯队，通过天安门。空中梯队新型装备多，受阅机型突出国产化。

此次受阅空中作战要素较之以往最全，国产新机悉数亮相，大大增加了预警机、运输机、特种机等的数量和种类，展示了我军战略预警、战略打击、战略投送和信息支援等空天作战要素，标志着我军以空中新型精锐作战力量为主体的联合作

▲ 中华人民共和国成立 70 周年国庆大阅兵

战体系正在形成，彰显了我军维护祖国领土完整和领空安全的坚定信心和坚强决心。

（3）练兵备战导向非常鲜明。一辆辆战车披坚执锐，一件件装备昂首挺胸。装备方队按照作战模块编组受阅，既包括了传统的陆上、海上、空中等作战模块，更突出了新型作战领域。

所有装备外观根据作战地域和作战任务进行了迷彩喷涂，并进行了重新编排。多数装备均按照战斗姿态受阅，装备方队的人员均着新式迷彩服，佩戴单兵综合系统受阅，体现了练兵打仗、强军备战的精神风貌。

（4）创新编设领导指挥方队。这次阅兵编设了 15 个徒步方队，按照仪仗方队、领导指挥方队、陆军方队、海军方队、空军方队、火箭军方队、战略支援部队方队、联勤保障部队方队等的顺序排列。

（5）维和部队方队首次亮相。红色臂章、蓝色贝雷帽、新式迷彩战斗服，徒步方队中压轴出场的维和部队方队让人眼前一亮。

这是我军阅兵历史上首次以海外维和力量为主组建的方队，是在分列式中与仪仗方队首尾呼应、压轴出场的方队，也是 15 个徒步方队中唯一一个迷彩着装接受检阅的方队。

我国是联合国安全理事会常任理事国中派出维和兵力最多的国家，是联合国维和行动第二大出资国。一批批走出国门的“中国蓝盔”，把忠诚举过头顶，把使命扛在肩头，用实际行动践行着“忠实履行使命，维护世界和平”的铮铮誓言。

（6）将军参与阅兵。排山倒海般的徒步方队中，将军领队走在各个方队的前列，步伐铿锵有力，目光坚毅果敢；铁流滚滚的装备方队里，每一位将军都傲然挺立于铁甲之上，气势如虹，锐不可当。这体现了以上率下、听党指挥、领兵打仗的风采。

15. 坐地日行八万里，互联网连接你我他

中国最早使用电子邮件是 30 多年前。1986 年 8 月 25 日，中国科学院高能物理研究所的吴为民研究员首次用电子邮件与欧洲核子中心 CERN 沟通，并成功实现了研究数据的大规模交换。1987 年 9 月 20 日，王运丰教授和李澄炯博士在北京中国兵器工业计算机应用技术研究所建成了一个电子邮件节点，并向德国成功发出了“越过长城，走向世界”的电子邮件。这些邮件的联系，改变了中国计算机发展的国际形象，也拉开了中国互联网发展的序幕。伴随着中国综合国力的日益增强，如今中国互联网已经在几次浪潮中蓬勃发展，渗透到了人们生活的方方面面，发展速度更是令世界刮目

相看。

传统互联网：游戏、电商新经济迸发。1994 年 4 月 20 日，中国首次开通 64K 国际专线，实现了与互联网的全功能连接，被国际正式承认为第 77 个拥有全功能互联网的国家。随后，中国电信开通了北京、上海两个接入 Internet 的节点，中国传统互联网也在这一时间开始迅速发展。

对于中国网民而言，互联网的到来像是一场没有预告的风暴，很快就将他们的生活搅动得翻天覆地。在这样一个蛮荒状态下，门户网站争先上线，新浪、网易、搜狐成为当时的三大门户网站，并在 2000 年纷纷上市。

移动互联网：生活场景实现全覆盖。在中国移动互联网发展的初级阶段，中国移动推出“移动梦网计划”。两年后，中国电信在广州启动“互联星空计划”。尽管这个阶段的产品仅有文字信息、图案和铃声，但同样意味着中国移动互联网的萌芽。

紧接着，UCWEB、空中网、3G 门户等一大批基于梦网的 SP 服务提供商陆续上线，看新闻、读小说、听音乐等丰富的内容开始出现。与此同时，如手机 QQ、手机搜索等功能性应用也开始涌现，移动互联网开始在人们生活中扮演着日益重要的角色。

从传统的通信社交、购物、游戏，到外卖、打车、租车，再到租房、订酒店等，人们的衣食住行发生了巨大变革，有了全新的选择方式和交易方式。

工业互联网：助力产业升级实现智能制造。除了传统互联网与移动互联网的蓬勃发展以外，中国工业互联网也处在不断推动和建设的阶段。第一次、第二次和第三次工业革命，是以技术驱动工业产业的变革。而第四次工业革命则因为科技的发展，发生了翻天覆地的变化。可以说，数字化、网络化和智能化现已成为第四次工业革命重要的特征和基石，同时它也是工业互联网的内涵和发展引擎。

事实上，工业互联网是全要素、全产业链、全价值链的全面连接，是人、机、物的有效连接，它将带动企业，特别是制造业企业的发展。

现在，建设工业互联网的浪潮席卷全球，各主要工业国家纷纷投入新工业革命的竞争当中。工业互联网是国民经济高质量发展的重要引擎，是工业革命重要的新型基础设施，是制造业转型升级的重要抓手。

延伸阅读：超级计算机与引领全球的中国5G

中国在超级计算机方面发展迅速，跃升至国际先进水平。中国是第一个以发展中国家的身份制造了超级计算机的。1983年研制出第一台超级计算机“银河一号”，使中国成为继美国、日本之后第三个能独立设计和研制超级计算机的国家。中国以国产微处理器为基础制造出本国第一台超级计算机，名为“神威蓝光”。在2016年6月TOP500组织发布的最新一期世界超级计算机500强榜单中，神威·太湖之光超级计算机和天河二号超级计算机位居前两位。

中华人民共和国成立70年来，中国移动通信技术在经历了“1G空白、2G跟随、3G突破、4G并跑”的不断努力后，实现了在5G时代并跑、领跑的重大转变。

5G在物联网、无人驾驶、虚拟现实等主要情境以及智能制造、智慧农业、智慧出行、智慧安防、智能电网、智能家居、智慧医疗、智慧城市、文化娱乐等领域都拥有巨大的应用空间。

数据显示，中国5G专利申请数量位居全球第一。其中，华为在5G专利的排名中位列全球第一，中兴通讯则位列全球第三。根据德国专利数据公司IPlytics分析统计，截至2019年3月，中国厂商已申请的全球主要5G标准专利数量占比为34%，远远高于韩国的25%以及美国和芬兰的各14%。

在移动终端方面，国内的华为、OPPO、vivo、小米等手机品牌无论是出货量还是价位，均与苹果、三星等国外品牌并驾齐驱，并于2019年推出多款支持5G的手机新产品。可以说，中国企业已经进入世界5G通信技术的第一梯队。

16. 可上九天揽月，可下五洋捉鳖

当中国航天员在中国土地上乘坐“神舟九号”向太空进发时，太空正在变成中国人奋力探索进取的新空间。

当有“深海的哥”美誉的中国试航员乘坐“奋斗者”号载人潜水器在马里亚纳海沟以10909米的深度成功坐底时，人类正在持续探索地球家园的纵深。

唐代诗人李白在《宣州谢朓楼饯别校书叔云》中留下这样的诗句：“俱怀逸兴壮思飞，欲上青天揽明月。”中华人民共和国第一代领导人毛泽东在《水调歌头·重上井冈山》中气势如虹地写道：“可上九天揽月，可下五洋捉鳖。”如今，梦想成为活生生的现实。这是中国科技的巨大突破，是华夏子孙对于大自然勇敢探索的硕果，是中华民族走向伟大复兴的华美乐章。

这些千挑万选的航天员和身经百战的潜海员，肩负着14亿中国人的期望。他们制胜的法宝是坚毅的品格、稳定的心理、千锤百炼的过硬本领。我们应向他们及其团队、同事、家

人表示最崇高的敬意。当人们为中国航天、潜海的巨大成就纵情欢呼时，也不禁再次惊讶于我们所处博大宇宙之神奇，感谢蔚蓝色星球对人类供养之慷慨，慨叹人类科技发展空间之浩瀚，庆幸我们处在这样一个伟大的时代。

如果没有改革开放的伟大历程，我们不可能有不断增长的综合国力来支撑尖端科技的探索；如果没有世界上最大规模的中小学教育和高等教育做基数，中国不可能这样英才辈出。正是因为有了人类争先恐后探索宇宙奥妙、和平利用太空的积累，中国人今天的表现更精彩；正因为被伟大时代激发出伟大精神，我们才有今天这样的勇气和豪情。

▲ 2012年6月16日，“神舟九号”发射圆满成功　　摄影：何卫国

在这个英才辈出、繁星璀璨的时刻，我们也要向奋战在每个平凡岗位上的中国人致敬。我们向每一位头顶夏日阳光耕作田间的父老兄弟姐妹致敬，有大地的默默支撑，向太空进发的梦想才能成真。我们向埋头装配间的工人和挥汗脚手架上的工人致敬，有亿万条涓涓细流，才有奔流入海的长江与黄河的壮美。我们向在无数间教室里传道、授业、解惑的教师致敬，科教兴国永远离不开最普通的教师。我们向所有没有成为聚光灯下英雄的普通中国人致敬。

延伸阅读：大国重器，二十年铸就

在科技领域，中国是后来者，许多方面还受到西方国家的封锁。所以，中国科技发展一开始就先天不足。那为何还会在一些关键领域取得巨大成就呢？这和科技工作者的艰苦奋斗以及无私奉献有很大关系。

中国北斗卫星导航系统是我国自行研制的全球卫星导航系统，也是继 GPS、GLONASS 之后的第三个成熟的卫星导航系统。北斗卫星导航系统（BDS）和美国 GPS、俄罗斯 GLONASS、欧盟 Galileo，是联合国卫星导航委员会认定的供应商。

北斗卫星导航系统由空间段、地面段和用户段三部分组成，可在全球范围内全天候、全天时为各类用户提供高精度、高可靠定位、导航、授时服务，并具短报文通信能力。已经初步具备区域导航、定位和授时能力，定位精度 10 米，测速精度 0.2 米 / 秒，授时精度 10 纳秒。中国作为后来者，“北斗”直到 2000 年才开始拥有由两颗地球静止轨道试验卫星组成的“双星定位系统”，这就是“北斗一号”。2003 年，第 3 颗地球静止轨道卫星升空，“北斗”服务能力进一步增强。2020 年 6 月 23 日，成功发射北斗系统第 55 颗导航卫星。从“北斗”双星定位系统建成算起，到“北斗”全球系统于 2020 年 6 月最后一颗北斗全球组网卫星点火升空，中国航天人努力奋斗 20 载，大国重器“北斗”以空前强大的服务能力造福各国民众。

北斗卫星系统全球组网，这是一件天大的好事情。改革开放 40 年来，因为科技工作者的辛勤工作，中国科技取得了巨大成就。在载人航天方面，不仅研发了“神舟”号系列载人飞船，而且还凭一国之力，建造了空间站实验平台——天宫号。此外，已故天文学家南仁东主持设计的全球最大的射电望远镜，既能为航天器提供飞行指导，还能分辨各种宇宙射线。另外，中国科技工作者还研制并发射了“悟空”号暗物质粒子探测卫星，以及“墨子”号量子科学实验卫星。

17. 贯通神州大地的高速公路

提起路的变化，恐怕谁都能列举出一大串：京沪高速公路和京珠高速公路，像两条主动脉把神州大地经济最活跃的地区联系在一起；西南出海大通道，为西南少数民族地区走出大山、脱贫致富创造了条件；在茫茫雪域高原上，青藏公路和川藏公路承担着入藏人流、物流的运输；在世界第二大沙漠塔克拉玛干沙漠的腹地，一条1000多千米的沙漠公路顽强地与流沙为伴；川主寺至九寨沟公路，第一次实现了公路建设与当地自然风光相协调，最大限度地减少对生态环境的破坏；农村公

▼ 高速公路　　摄影：牟健为

路的示范工程——遂潼县际公路，探索出在人多地少、经济相对落后的地区农村公路建设的模式和管理机制，最大限度地发挥了县际公路对沿线经济的辐射和带动作用……

“要想富，先修路”，老百姓总结出来的这句至理名言，正是中华人民共和国成立70年来公路建设的出发点。70年来，我国公路建设取得了飞速发展。

中国高速公路建设起步于1984年，最早开工的是沈大高速公路，最早完工的是沪嘉高速公路。

1984年6月27日，沈阳至大连高速公路动工，为中国内地第一条开工兴建的高速公路，先于中国首条规划的京津塘高速公路。1988年10月31日，沪嘉高速公路建成通车，为中国内地首条投入使用的高速公路。

2004年12月17日，国务院讨论通过《国家高速公路网规划》，于次年1月13日公布“7918”工程。

2013年6月20日，中华人民共和国国新办发布《国家公路网规划（2013—2030年）》，国家高速公路网改为“71118”工程（7条首都放射线、11条南北纵线、18条东西横线）。11月21日，中国首条重载高速公路内蒙古准兴高速公路建成通车，全长265千米，可承载100吨重货车，设计每年货运量1.5亿吨。

截至2020年12月，中国高速公路总里程已达15万千米，位居全球第一。

延伸阅读：港珠澳大桥——中国桥梁史的奇迹

港珠澳大桥是中国境内一座连接香港、广东珠海和澳门的桥隧工程，位于中国广东省珠江口伶仃洋区域内，为珠江三角洲地区环线高速公路南环段。

港珠澳大桥于2009年12月15日动工，2017年7月7日实现主体工程全线贯通，2018年2月6日完成主体工程验收，同年10月24日上午9时开通运营。

港珠澳大桥东起香港国际机场附近的香港口岸人工岛，向西横跨南海伶仃洋后连接珠海和澳门人工岛，止于珠海洪湾立交。桥隧全长55千米，其中主桥29.6千米，香港口岸至珠澳口岸41.6千米；桥面为双向六车道高速公路，设计速度100千米/小时；工程项目总投资额1269亿元。

2018年12月1日起，首批粤澳非营运小汽车可免加签通行港珠澳大桥跨境段。

港珠澳大桥因其超大的建筑规模、空前的施工难度以及顶尖的建造技术而闻名世界。它是世界上最长的跨海大桥，总长度是48.3千米。

港珠澳大桥建设创下多项世界之最，体现了一个国家经济和科技的发展水平，体现了我国综合国力、自主创新能力的水平，体现了勇创世界一流的民族志气。这是一座圆梦桥、同心桥、自信桥、复兴桥。

▼ 港珠澳大桥

爱国从来不是空洞的口号，而是奋斗的行动。谈起这个“世界级工程”，项目总工程师林鸣感慨万千。海底沉管隧道的对接是大桥施工中最难的部分，他形象地说：“把 33 节沉管装上去对接好，就像 33 次考上清华，甚至更难。”林鸣曾向荷兰一家公司求助，但对方开出了 15 亿元的天价咨询费。不仅如此，外国专家还说：“我送你们一首‘祈祷歌’吧。”中国建设者们当即决定：我们自己干！大家奋发图强、攻坚克难，其间虽然经历多次失败，但终于解决了这个世界级的难题，仅申请专利就接近 500 项。港珠澳大桥的建成，生动诠释了新时代中国人逢山开路、遇水架桥的奋斗精神，这也是中华民族傲然挺立于世界东方的力量源泉。

18. 中国高铁，世界标杆

当我们出门旅行或者出差时，有多种交通工具可以选择。高铁的快速、安全和舒适，成为很多人的首选。

中国是世界上高速铁路发展速度最快、运营里程最长、在建规模最大的国家，拥有世界上最现代化的铁路网和最发达的高铁网。京沪高铁建设里程长、投资大、标准高，在中国高速铁路建设史上具有里程碑的意义。以京沪高速铁路工程项目为代表的中国高速铁路，已经成为中国铁路技术高端的亮丽名片。首对“复兴号”在京沪高铁上线成功开行，向世界展示了快速发展的中国高铁的新技术、新成果，展现出享誉世界的中国速度、中国创造、中国方案。习近平总书记点赞：“复兴号高速列车迈出从追赶到领跑的关键一步。”

京沪高铁，一路走来，成绩斐然，贡献巨大。全长 1318

▲ 中国高铁

千米、设置24个车站的京沪高铁，重塑了京沪交通经济带，提高了沿线地区经济活动效率，改善了沿线地区的投资环境，促进了沿线地区产业结构的优化升级，为完善综合交通体系和绿色发展做出了重要贡献。在民生服务方面，京沪高铁“大运量、高密度、公交化”的运输组织模式，加速了人员流动，拓展了工作生活圈，实现了“一城居住，两城生活”的全新生活方式。在高铁技术品牌创新方面，具有完全自主知识产权的中国标准动车组“复兴号”，在京沪高铁上线成功开行，标志着我国铁路成套技术装备特别是高速动车组已经走在世界先进行列。

站在新的历史起点上，我国高铁青春焕发、追梦前行、续写新篇。我国高铁将继续奔驰在新时代复兴强国的路上，引领中国高铁走向世界。

延伸阅读：戈壁中的天路——格库铁路

全长约1214.6千米的格库铁路是中国通往西亚、地中海和黑海地区的陆路运输大通道，对完善我国西部地区尤其是青海和新疆两省区的铁路网结构，进一步推动丝绸之路经济带战略和青海、新疆两省区经济社会发展，促进沿线地区经贸往来和资源开发，加强民族地区团结和巩固国防安全等，具有重要意义。

格库铁路沿途分布着大量石油、有色金属矿产等资源，具有极高的战略和国防意义，将促进西部能源、矿产资源的共享和流通，有利于进一步完善我国内陆至边疆、中亚、地中海等地区的陆路运输通道。

格库铁路是中国又一条入疆大动脉，是连接青海、新疆两省区——南疆地区与内地的一条便捷铁路通道，同时也是西部地区重要的铁路网干线和新疆“四纵四横”铁路主骨架之一。格库铁路建成后，格尔木到库尔勒由原先乘坐汽车班车26小时缩短至火车客车12小时。全线分布车站36座，穿越最高海拔6161米的阿尔金山，于2019年年底开通。

四通八达的铁路巨网形成我国经济的强大磁场，是推动国民经济增长不可或缺的重要一环。这是无数代铁路人为之奋斗所呈现的风采，也是铁路系统高质量发展的印记。

19. 南水北调，首都人民也能共饮长江水

新中国成立70年来，我国相继开展了对淮河、海河、黄河、长江等大江大河大湖的治理。改革开放以来，党中央、国务院把水利建设摆到国民经济基础设施建设的首位，大幅度增加投入，水利工程建设步伐明显加快。三峡工程、南水北调工程、小浪底、治淮、治太等一大批重点水利工程陆续开工兴建，特别是南水北调工程举世瞩目。

黄河、淮河、海河流域的水资源量仅占全国总量的7.2%，却供养着我国近1/3的人口。

早在1952年10月30日，毛泽东主席视察黄河时就提出“南方水多，北方水少，如有可能，借点水来也是可以的”，南

▲ 南水北调穿越黄河工程

水北调的宏伟设想由此诞生。

这个迄今为止世界上规模最大的调水工程，横穿长江、淮河、黄河、海河四大流域，规划最终年调水量448亿立方米，大约相当于黄河的年均水量。工程规划了东、中、西三条干线，总长度4350千米，和东北大河黑龙江差不多。已建成的东线、中线一期工程2899千米，比岭南的珠江还要长579千米。

南水北调东线布局从江苏扬州附近抽取长江水，利用京杭大运河及与其平行的河道，逐级提水北送，并连接起调蓄作用的洪泽湖、骆马湖、南四湖和东平湖，一路向北。整条线路惠及江苏、安徽、山东、河北、天津五省市。

丹江口水库，南水北调中线工程的水源地，水质连续25年稳定在国家二类以上标准。南水北调中线全程采用“自流”方式，让水自行北流，同时加大向北供水面积。要做到这一点，就要对丹江口水库大坝进行加高。这项工程自2005年开始，2010年完工。南水北调中线水源公司总工程师汤元昌说，将大坝加高14.6米，工程难度不亚于“再新修丹江口大坝”。

水库大坝加高后，蓄水位从157米提高到170米，与北京形成98.8米落差，一路自流1432千米，抵达北京。

南水北调东线直接受益人口超过1亿，不仅基本解决了北方的缺水问题，更为北方经济社会发展提供了重要保障。

延伸阅读：西电东送，能源动脉架起多赢桥梁

经过70年发展，我国电网从独立、分散、弱小的小电网逐步进化为全国互联、互通、互供的统一大电网，解决了无电人口用电问题，为经济社会发展提供了充足的动力。

西电东送工程是国家新世纪四大工程之一，也是西部大开发的标志性工程。我国煤炭资源主要分布在西部和北部地区；水能资源主要集中在西南地区，东部地区能源资源匮乏、用电负荷相对集中。能源资源与电力负荷分布的不均衡决定了西电东送的必要性。

西部地区水电、光伏、风电等资源非常丰富。西南地区是我国最大的水电基地，“五江一河”（金沙江、雅砻江、澜沧江、怒江、雅鲁藏布江、大渡河）有着丰富的水电资源。目前，四川水电开发接近50%，西藏基本上没有开发，雅鲁藏布江、澜沧江、怒江上游都还没有开发。水电资源开发减少了对火电、燃煤的依赖。因此，要建设特高压输电线路，让东部地区能享有西部优质的风电、水电、光伏资源。对西部而言，把它的资源优势转化为经济优势；对东部而言，发展经济的同时，又能使用清洁能源，保持蓝天白云。

按照国家规划，西电东送工程将形成三大通道：一是将贵州乌江、云南澜沧江和桂、滇、黔三省区交界处的南盘江、北盘江、红水河的水电资源以及黔、滇两省坑口火电厂的电能开发出来送往广东，形成南部西电东送通道。二是将三峡和金沙江干支流水电送往华东地区，形成中部西电东送通道。三是将黄河上游水电和山西、内蒙古坑口火电送往京津唐地区，形成北部西电东送通道。

概括说，西电东送就是把煤炭、水能资源丰富的西部省区的能源转化成电力资源，输送到电力紧缺的东部沿海地区。

“十五”期间，我国提出重点开发建设青藏铁路、南水北调、西气东输、西电东送四大工程，它们被称为“中国新世纪四大工程”。其中除南水北调工程外，其他三项也是西部大开发的重点工程。

我国西电东送工程输电距离之远也创造了世界之最。西电东送输电线路起始于四川西昌锦屏换流站，途经云南、重庆、湖南、湖北、浙江、安徽到达江苏，共经8个省市，东至江苏苏州换流站，线路总长2059千米。这是世界上输送电压最大、输送距离最远、输送容量最大的特高压直流工程，代表了世界直流输电技术的新高峰。

从西部的崇山峻岭到华东平原大地，输电线路穿越了很多高海拔地区。由于地质条件复杂，跨高山、越大河、过草地，施工难度可想而知。尤其是无人区工程，施工人员经历了冰雪、暴雨、泥石流等诸多自然灾害的挑战，克服了无人区交通、生活极其不便等困难，依然全力以赴，按时完成工程建设任务。

在输电过程中，工程师大胆创新，采用多项新型技术。在特高压理论创新、技术攻关、工程实践等方面取得了全面突破，在世界上率先掌握了特高压大容量输电系统集成、大电网运行控制等技术。我国已经成为世界首个也是至今唯一一个成功掌握并实际运用这项尖端技术的国家。

20. 中国经济发展创造伟大奇迹

自改革开放之初提出小康社会的战略构想以来，中国共产党始终把人民对美好生活的向往作为奋斗目标，几代人一以贯之、接续奋斗。党的十八大以来特别是“十三五”期间，面对错综复杂的国际形势、艰巨繁重的国内改革发展稳定任务特别是新冠肺炎疫情严重冲击，以习近平同志为核心的党中央不忘初心、牢记使命，团结带领全党全国各族人民砥砺前行、开拓创新，奋发有为推进党和国家各项事业，我国经济实力、科技实力、综合国力和人民生活水平跃上了新的大台阶，全面建成小康社会取得伟大历史性成就。

经济实力大幅跃升，经济结构持续优化。2020 年，国内生产总值达 101.6 万亿元，占世界经济比重预计达到 17% 左右，稳居世界第二位。人均国民总收入（GNI）突破 1 万美元，按世界银行标准，达到中高收入国家水平。2015 年至 2020 年粮食产量连续 6 年稳定在 6.5 亿吨以上，制造业增加值多年位居世界首位，220 多种工业产品产量居世界第一。2013 年至 2019 年我国对世界经济增长的年均贡献率接近 30%，成为世界经济增长的火车头。社会消费品零售总额接近 40 万亿元规模，消费对经济增长的贡献率进一步提升。高技术产业、农业、社会领域等重点领域投资持续较快增长。装备制造业和高技术产业快速增长，数字经济、平台经济蓬勃兴起，第三产业成为经济增长“新引擎”。东中西和东北“四大板块”联动发展，京津冀协同发展、长江经济带发展、粤港澳大湾区建设、长三角一体化发展、黄河流域生态保护和高质量发展等重大区域战略加快落实。新型城镇化稳步推进，到 2019 年末，常住人口城镇化率达 60.6%。基础设施日益完善，高速铁路、高速公路、发电装机容量、互联网基础设施规模均居世界第一。同时，我国还是世界第一货物贸易大国、第一外汇储备大国。

科技创新作用凸显。研发投入持续扩大。2020 年，我国研发（R&D）经费支出 24426 亿元，比 2015 年增长 10256 亿元，稳居世界第二；研发经费投入强度达 2.24%，比 2015 年提高 0.18 个百分点，达到中等发达国家水平；科技进步贡献率达到 60.2%。在一些基础和前沿领域取得一大批标志性成果，若干领域实现从“跟跑”到“并跑”“领跑”的跃升。知识产权产出居世界前列，2019 年通过《专利合作条约》途径提交的专利申请量跃居世界第一。2020 年，我国创新指数位居世界第十四位。教育水平跃居世界中上行列。劳动年龄人口平均受教育年限由 2000 年的 7.18 年提高至 2019 年的 10.72 年，基础教育巩固发展，高等教育进入普及化阶段。

生态环境明显改善。环境问题是全面建成小康社会能否得到人民认可的一个关键。党的十九大把污染防治攻坚战确立为决胜全面建成小康社会的三大攻坚战之一。2018 年 5 月，全国生态环境保护大会就坚决打好污染防治攻坚战作出部署。6 月，中共中央、国务院印发《关于全面加强生态环境保护，坚决打好污染防治攻坚战的意见》，蓝天、碧水、净土保卫战全面展开。2020 年，全国地级及以上城市空气质量优良天数比例为 87.0%，比 2015 年上升 5.8 个百分点；PM2.5 平均浓度为 33 微克 / 立方米，比 2015 年下降 28.3%。2020 年，全国地表水水质优良（Ⅰ—Ⅲ类）比例为 83.4%，比 2015 年上升 17.4 个百分点，长江干流首次全线达到Ⅱ类水质。能源消费结构不断优化。2019 年，天然气、水电、风电、核电等清洁能源消费占能源消费总量的比重为 23% 多，比 2015 年提高 5 个多百分点，非化石能源占能源消费总量比重达 15.3%，单

▲ 万桥飞架山冈上

位国内生产总值能耗比2015年下降13.1%。中国已经成为世界利用新能源和可再生能源第一大国。

改革开放不断深化。全面深化改革取得重大突破，若干领域实现了历史性变革、系统性重塑、整体性重构。产权保护法治体系加快完善，要素市场化配置改革持续深化。国资国企改革体系基本形成，民营企业等多种所有制经济健康发展。放管服改革成效显著，“十三五”期间新增减税降费累计达7.6万亿元左右，营商环境全球排名从2017年的第78位提升至2019年的第31位。对外开放持续扩大，“引进来”和“走出去”统筹推进，外商投资准入前国民待遇加负面清单管理制度全面实行，负面清单大幅缩减，我国关税总水平已降至7.5%。共建“一带一路”成果丰硕。截至2021年1月底，我国已与140个国家和31个国际组织签署共建“一带一路”合作文件205份。对外投资存量从2012年0.5万亿美元增加至2019年2.2万亿美元，位居全球第三位。

▲ 城市交通

人民生活水平显著提高。2020年，全国居民人均可支配收入达到32189元，比2015年实际增长31.3%，2016年至2020年年均增长5.6%，快于同期人均国内生产总值增速。居民生活质量显著提升，消费较快增长，吃穿用有余，家电全面普及，汽车快速进入寻常百姓家。2020年，全国居民恩格尔系数为30.2%，比2000年下降12个百分点。居民平均预期寿命从1949年的35岁提高到

2019 年的 77.3 岁。建成世界上规模最大的社会保障体系，截至 2020 年 12 月底，全国基本养老、失业、工伤保险参保人数分别达到 9.99 亿人、2.17 亿人、2.68 亿人，基本医疗保险覆盖超过 13 亿人，社会保障卡持卡人数超过 13 亿人，覆盖 94.6％的人口。居民居住条件显著改善，2020 年城镇居民和农村居民人均住房建筑面积分别达 39.9 平方米和 49.6 平方米。

文化事业和文化产业繁荣发展。公共文化服务设施加快普及。到 2019 年末，全国公共图书馆、博物馆数量分别达 3196 个、5132 个，电视节目综合人口覆盖率达 99.4％；全国已有 1536 个县（市、旗）建设融媒体中心，覆盖率近 82％，主流新闻舆论阵地不断做强做大。文化产业快速发展。2019 年，文化及相关产业增加值达 44363 亿元，占国内生产总值比重为 4.5％。全民健身战略深入实施，全民健身公共服务体系更加完善。有近 4 亿人经常参加体育锻炼，2019 年底，平均每万人拥有 25.3 个体育场地，人均体育场地面积达 2.08 平方米。文化软实力日益凸显，社会主义核心价值观深入人心，中华文化

▼ 自由贸易港

影响力持续扩大。

到中国共产党成立一百周年的时候，全面建成惠及十几亿人口的更高水平的小康社会，是我们党进入21世纪后，在基本建成小康社会基础上提出的奋斗目标，是向人民、向历史作出的庄严承诺。从党的十九大到2020年，是全面建成小康社会决胜期。党中央提出，要突出抓重点、补短板、强弱项，坚决打好防范化解重大风险、精准脱贫、污染防治三大攻坚战，使全面建成小康社会得到人民认可、经得起历史检验。经过努力，三大攻坚战重点任务取得决定性进展。

全面建成小康社会，实现了中华民族千百年来的夙愿。无论在落后的农耕文明时代，还是在积贫积弱的近代，小康对百姓来说，都只能是遥不可及的奢望。只有在中国共产党领导下，这一梦想才能实现。中国共产党自成立之日起，就坚定扛起为人民谋幸福、为民族谋复兴的大旗，经过一代一代的接续奋斗，全面小康终于梦想成真。实现这一目标，我国发展和人民生活水平跃上新的大台阶。

延伸阅读：“秒懂”中国力量：一分钟展示发展奇迹

日新月异的中国，每一分每一秒都在发生巨大变化，让我们随着中国经济社会的快速发展来看看这些奇迹的发生。

一分钟，33个新生儿诞生

一分钟，20个新的家庭组建

一分钟，26人走上工作岗位

一分钟，35217名旅客出行

一分钟，移动互联网接入流量46804G

一分钟，网上商品零售1043万元

一分钟，快递小哥收发7.6万件快递

一分钟，移动支付金额3.79亿元
一分钟，“蛟龙号”能下潜50米
一分钟，“复兴号”前进5833米
一分钟，“神威·太湖之光”运算750亿亿次
一分钟，333万元投入研究和试验
一分钟，生产汽车55辆
一分钟，5288万元货物进出口
一分钟，创造GDP1.57亿元

一分钟的努力，汇聚中国力量
建国70年的成就
源自每一分钟的积累
建成社会主义现代化强国
需要每一个人的努力

一分钟很短，在伟大的中国却能干这么多事；一分钟很长，正在腾飞的中国需要做出多大的努力，才能有今天快速发展的局面。为祖国发展加油助威，希望祖国越来越好。

21. 北京大兴国际机场

北京大兴国际机场，位于北京市大兴区与河北省廊坊市广阳区之间，距北京首都国际机场67千米；定位为大型国际航空枢纽、国家发展新动力源、支撑雄安新区及京津冀建设的综合交通枢纽。

北京大兴国际机场于2014年12月开始动工，2015年9月

航站楼核心区工程全面开工。2018 年 9 月，机场定名为“北京大兴国际机场”。2019 年 9 月 25 日，机场正式投运。

北京大兴国际机场航站楼综合体建筑 140 万平方米，可停靠飞机的指廊展开长度超过 4000 米。机场规划四纵两横 6 条民用跑道，本期建设三纵一横 4 条跑道、268 个停机位。机场建成了五纵两横的交通网络，1 小时通达京津冀。

北京大兴国际机场工程建设难度世界少有，其航站楼是世界最大的减隔震建筑，打造了世界最大单块混凝土板。上千家施工单位，施工高峰期间 5 万余人同时作业，全过程保持了“安全生产零事故”，全面实现廉洁工程目标。

北京大兴国际机场航站楼是世界首个实现高铁下穿的航站楼，双层出发车道为世界首创，有效保证了旅客进出机场效率。机场跑道在国内首次采用“全向型”布局，在航空器地面引导、低能见度条件运行等多方面运用世界领先航行新技术，确保了运行效率和品质。机场在全球枢纽机场中首次实现了场内通用车辆 100% 新能源，是中国国内可再生能源利用率最高的机场。

这个目前国内自动化、智能化程度最高的空港海关，将让进出境旅客体验到更简便快捷的服务。各种通关设备、查验设备调试完毕，进出境手续简化、流程更简便。出境时采用“海关 + 安检，一次过检”的工作模式，出境旅客只提交一次行李，接受一次检查。而且柜台后方的新型 X 光机体积更小，海关关员将远程对过检行李进行电脑审图。航站楼北京地铁草桥站占地面积约 400 平方米，旅客可以直接在这里办理国内航班、国际航班的行李托运和值机手续，可以说到了草桥站就相当于到达北京大兴国际机场。东航联合华为公司、联通公司等在大兴机场正式推出最新研发的创新成果——基于 5G 网络的东航智慧出行集成服务系统。在北京大

▲ 大兴机场　　摄影：牟健为

兴国际机场，乘坐东航航班的旅客无须再像以往那样出示身份证、二维码。旅客只需要通过人脸识别，就可以完成购票、值机、托运、安检、登机等各个出行流程。

预计到 2025 年，北京大兴国际机场可实现旅客吞吐量 7200 万人次的投运目标；将与北京首都国际机场形成协调发展、适度竞争、具有国际一流竞争力的“双枢纽”机场格局，推动京津冀机场建设成为世界级机场群。

知识链接： 中国机场 70 年

民航运输快速发展举世瞩目。新中国成立 70 年来，中国民航业实现了举世瞩目的快速发展，为国家经济建设和社会发展做出了积极贡献。

中国航空运输总周转量一直稳居世界第二。国内航线数量达到 3519 条；2018 年共执行航班 389.5 万班次，是 1978 年的 85.6 倍。

航线网络逐步完善。目前，民航已基本形成以北京、上海、广州三个大型枢纽和成都、昆明、西安、乌鲁木齐等区域枢纽、门户枢纽为核心节点的轮辐式网络结构，以及枢纽之间的空中快线网络结构。

国际航空运输也取得了长足发展。中国有 31 家航空公司经营 810 条国际航线，国际旅客运输量达 5544 万人次。

机场数量从 78 个增加到 235 个，规模不断扩大，布局逐步完善。1978 年，中国仅有 78 个民用运输机场，其中军民合用机场 36 个。经过 40 年的发展，目前，机场数量达 235 个，年旅客吞吐量 1000 万人次以上的机场已达 33 个，2000 万人次以上机场 20 个，3000 万人次以上机场 11 个。

目前，中国机场已经融入地方经济，成为促进经济社会发展的新动力。近年来，中国机场建设和管理理念也由最初的“重数量、争规模、求速度、轻管理”逐步转变为“重质量、求实际、争效益、重管理”。

22. 从 20 个故事中品读中国外交

2015 年是中国特色大国外交的全面推进之年。习近平主席 8 次走出国门，奔波 42 天，遍及亚、美、欧、非四大洲，到访 14 个国家、21 个城市，参加 9 次国际会议。据统计，习近平主席在这一年出访期间共发表 44 次演讲和 7 篇署名文章。其中讲述了 20 个小故事，这些故事如春风化雨般温暖人心，让国际社会印象深刻。

中国究竟发生了怎样的变化？它的未来又将走向何方？一直以来，这两个问题都是国际社会关注的焦点，也是中国外交首先要回答的问题。习近平主席不但从发展成就和政策走向上给出答案，更通过以小见大的故事让世界准确认识中国。比如，在华盛顿州政府和美国友好团体联合欢迎宴会上的演讲中，习近平主席以亲身经历讲述了 20 世纪 60 年代末插队村庄梁家河的变化，让国际社会近距离感受中华人民共和国成立以来特别是改革开放以来，中国社会发展取得的巨大成就。习近平主席同时指出，中国还有7000多万贫困人口。由此辩证思考，自然不难理解中国未来的政策走向，自然就会对中国发展充满信心。

深化与各主要国家的关系是中国外交的重要内容。深化关系离不开过去打下的坚实基础，也就是国家间的传统友谊。这是习近平主席讲述最多的故事。这年4月，在巴基斯坦讲到了两国互相援助的故事，以及巴基斯坦军舰协助中国在也门的撤侨行动；5月，在俄罗斯讲到了毛岸英、唐铎、胡济邦等中国人在苏联卫国战争时期的故事，以及俄罗斯人民对中国人民抗日战争的支持；9月，在美国讲到了“柳林海”的远航和800多封慰问信，以及中国工人和美国太平洋铁路修建的故事；11月，在越南讲到了青蒿素与越南的故事……通过一个个生动的故事，我们既看到了中国与这些国家间的友谊，更看到了巩固和深化这种友好关系的无限可能。这也正是中国倡导的构建以合作共赢为核心的新型国际关系的重要基础。

国之交在于民相亲。在习近平主席讲述的故事中，还有大量国与国人民友好交往的故事。比如，孙中山先生在英国求学的故事，旅居津巴布韦的华侨中一个名为“非爱不可”的妈妈团体的故事，中国海信电视走进南非和南非在华合资生产雪花啤酒的故事，白俄罗斯切尔诺贝利核事故灾区200名青少年赴中国疗养的故事，等等。透过这一个个跨越国界的故事，不仅能感知国与国民间交往的密切程度，也有助于以润物细无声的方式影响民心民意，从而帮助积聚更多民间共识，进而影响政府外交政策的走向。国与国交往始于人民，抓住了民心民意，就抓牢了友好的基础。

文化的力量，历久弥新。习近平主席特别强调，对于多元多彩的世界文明和文化，要秉持兼收并蓄的精神，遵守相互尊重、和平相处、包容互鉴的原则。因此，我们可以听到习近平主席在新加坡讲述当地大学生通过秦腔、兰州牛肉面、羊皮筏子等元素了解和传递中华文化的故事；在伦敦金融城讲述英国的莎士比亚和中国的汤显祖；在华盛顿讲述美国经典电影《西雅图不眠夜》，并分享自己爱读的美国文学作品和政治家传记，以及对《老人与海》的深刻印象……文化是不同国家人民相互了解的重要依托，具有跨越时空、超越国度的永恒魅力。丰富多彩的人类文明都有存在的价值，每个国家和民族既要珍惜和维护自己的思想文化，也要承认和尊重别国别民族的思想文化。这是国与国加深了解、深化关系的基本前提。

“独行快，众行远。”新时期中国外交展现了大国内外统筹的大格局与胸怀全球的大战略，开辟了中国大外交的新境界。习近平主席讲述的20个故事虽然只是点点滴滴，却是中国外交大格局、大战略的一种生动体现，而且更能感染人、说服人。听懂了这些故事，我们就能够更深刻地理解中国外交，世界也能够更深入地了解中国。

延伸阅读：电视剧《外交风云》全景式呈现波澜壮阔的中国外交

中华人民共和国是怎样突破层层封锁完成破冰之旅走出国门登上世界舞台的，是怎样团结各方朋友先后与世界180多个国家建交的，又是怎样与对手进行台前幕后博弈维护中华民族的主权、尊严和利益的，48集电视剧《外交风云》一一为观众揭秘。回首共和国的成长，和平来之不易，我们要珍惜。

《外交风云》位列“2018—2022年全国百部重点电视剧选题片名单”之首，播出后关注度、网络热度节节攀升。剧中出现的中华人民共和国第一代领导人被网友们称为中华人民共和国第一代“外交天团”，圈粉无数。《外交风云》有着厚重的历史感以及现实意义，展现了老一辈革命家治国理政的睿智，同时还驳斥了历史虚无主义。该剧以场景还原式的创作手段，把当时的政坛人物搬到荧屏之上。不仅有文献价值，也有历史高度，体现了中国外交的史实与外交思想，同时还体现了外交内核与意义。有学者指出：“外交的主题是国家，这让观众一开始就有一种‘人类命运共同体’的感受。这让我们明白，‘人类命运共同体’的思想是一直以来就有的。”

23. 共和国勋章与国家荣誉称号

共和国勋章是中华人民共和国的最高荣誉勋章，由国家主席向获得者颁授。2016 年 1 月 1 日正式设立。

2019 年 9 月 17 日，国家主席习近平签署主席令，授予于敏、申纪兰（女）、孙家栋、李延年、张富清、袁隆平、黄旭华、屠呦呦（女）“共和国勋章”。

国家荣誉称号是国家最高荣誉，授予在经济、社会、国防、外交、教育、科技、文化、卫生、体育等各领域各行业做出重大贡献、享有崇高声誉的杰出人士。《中华人民共和国国家勋章和国家荣誉称号法》由中华人民共和国第十二届全国人民代表大会常务委员会第十八次会议于 2015 年 12 月 27 日通过。

中华人民共和国成立以来，从时传祥、王进喜，到袁隆平、郭明义等，各行业的杰出人物传递了极大正能量。然而，虽然先后开展了多种形式的奖励表彰活动，但以国家名义颁发、面向全民的最高奖励制度却一直处于空白状态。

2019 年 9 月 17 日，第十三届全国人民代表大会常务委员会第十三次会议通过：授予叶培建、吴文俊、南仁东（满族）、顾方舟、程开甲“人民科学家”国家荣誉称号；

授予于漪（女）、卫兴华、高铭暄“人民教育家”国家荣誉称号；

授予王蒙、秦怡（女）、郭兰英（女）“人民艺术家”国家荣誉称号；

授予艾热提·马木提（维吾尔族）、申亮亮、麦贤得、张超“人民英雄”国家荣誉称号；

授予王文教、王有德（回族）、王启民、王继才、布茹玛汗·毛勒朵（女，柯尔克孜族）、朱彦夫、李保国、都贵玛（女，蒙古族）、高德荣（独龙族）“人民楷模”国家荣誉称号；

授予热地（藏族）“民族团结杰出贡献者”国家荣誉称号；

授予董建华“‘一国两制’杰出贡献者”国家荣誉称号；

授予李道豫“外交工作杰出贡献者”国家荣誉称号；

授予樊锦诗（女）“文物保护杰出贡献者”国家荣誉称号。

2019 年 9 月 29 日上午，中华人民共和国国家勋章和国家荣誉称号颁授仪式在北京人民大会堂金色大厅隆重举行。中共中央总书记、国家主席、中央军委主席习近平向国家勋章和国家荣誉称号获得者颁授勋章奖章并发表重要讲话。

延伸阅读：“杂交水稻之父”袁隆平

一粒小小的种子，却改变了整个世界。这颗种子的培育者，就是袁隆平。2019 年 9 月 17 日，国家主席习近平签署主席令，授予 8 人“共和国勋章”。袁隆平名列其中。

这一天，在距离北京 1600 多千米的湖南省衡东县的一片稻田里，袁隆平拿着一株水稻仔细观察后，面带笑意地说道：“开

▲ 袁隆平

花开得很好。”这片稻田是“第三代杂交水稻”试验田，此时正处于扬花时期，田中的双季晚稻有望突破亩产 1000 千克大关。

“荣誉是对我们成绩的肯定，但我们不能躺在功劳簿上，还得继续干活。只要能解决老百姓的吃饭问题，个人的荣辱得失又算得了什么。搞科研的人要有使命感，有胸襟。”在中华人民共和国成立 70 周年来临之际获得国家最高荣誉，袁隆平向记者表示，“这对我既是鼓舞也是鞭策，希望在原有的基础上更上一层楼。”

在获得共和国勋章的前一天，袁隆平出现在湖南农业大学 2019 级新生开学典礼上，引起全场沸腾，学生们激动不已地喊：“袁院士才是我们该追的‘星’！”

在开学典礼上，袁隆平在讲话中再次提到他多次谈及的两个梦想：“第一个梦是希望杂交水稻可以高产、更高产，让大家可以在杂交稻穗下乘凉；第二个梦想是希望杂交水稻可以走出国门，为全世界人民做出贡献。我始终都还在努力使梦想成真，也寄希望于你们来共同实现这两个梦想。”

为了实现这两个梦想，袁隆平不曾停歇。

1974 年，袁隆平科研小组培育的第一个强优势高产杂交稻破土而出。多年来，袁隆平领衔的科研团队通过形态改良和杂种优势利用相结合的技术路线，成功攻破水稻超高产育种难题，不断刷新亩产产量。目前，超级稻计划的五期目标已经全部完成，分别是亩产 700 千克、800 千克、900 千克、1000 千克和 1100 千克。

据统计，从 1976 年到 2018 年，杂交水稻在全国累计推广面积约 85 亿亩，增产稻谷 8.5 亿吨。每年因种植杂交水稻而增产的粮食，可以多养活约 8000 万人口。

袁隆平说："我们国家人口多、耕地少，保障国家粮食安全，唯一的办法就是提高单产。高产对于我来说，是一个永恒的主题。"

不仅让中国人吃得饱，袁隆平还希望全世界人民都能够远离饥饿。他曾笑称，自己愿做太平洋上的海鸥，让杂交水稻技术越过重洋。

《杂交水稻简明教程》一书，袁隆平写于 1985 年，经联合国粮农组织出版后，目前已发行到 40 多个国家，成为全世界杂交水稻研究和生产的指导用书。据湖南省农业农村厅统计，截至 2018 年年底，杂交水稻已在海外 40 多个国家成功试验示范，在 10 多个国家大面积推广。2018 年，海外杂交水稻推广面积超过 700 万公顷。

2021 年 5 月 22 日，袁隆平在长沙逝世，享年 91 岁。他曾有两个梦想："一是在禾下乘凉梦；二是杂交水稻全球梦"。他的第一个梦想实现了；第二个梦想还未完成，他却离开了。

共筑中国梦

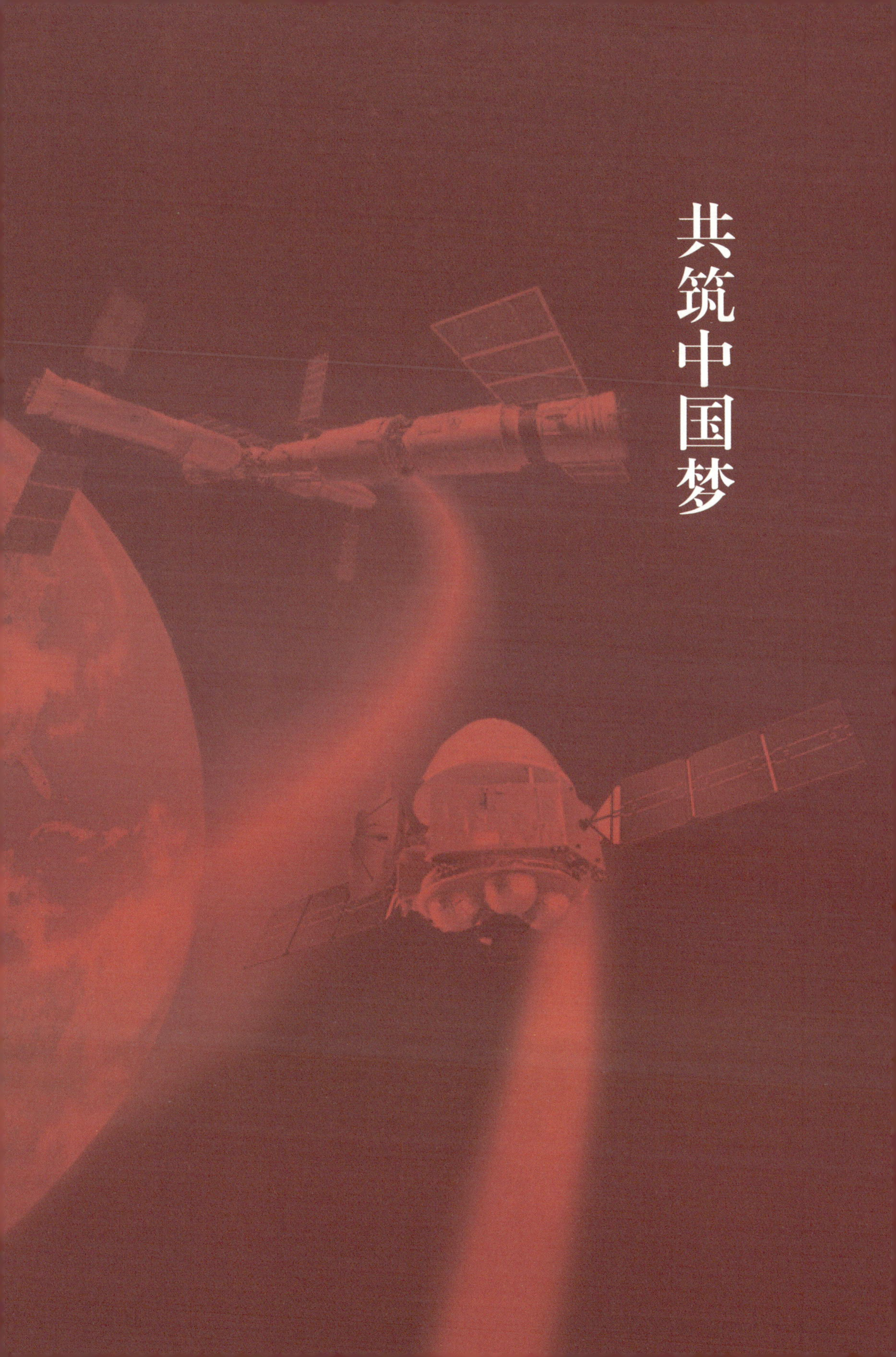

回望过去，辉煌成就写入史册；展望未来，民族复兴召唤在前。今天，14 亿中国人民意气风发、豪情满怀，960 多万平方公里的中华大地生机勃发、春意盎然，5000 多年的中华文明光彩夺目、魅力永恒，党的领导和中国特色社会主义制度坚强牢固、充满活力，中国人民和中华民族前程伟大、前途光明。

"共筑中国梦"昭示着国家富强、民族振兴、人民幸福的美好前景，是包括所有青少年在内的每一个中国人为之奋斗的梦想。

1. 中国特色社会主义进入新时代

2012 年 11 月，党的十八大实现了中央领导集体的新老交替。当选的中共中央委员会总书记习近平在十八届一中全会上指出，历史的接力棒传到了我们手里，我们一定不负重托，忠于党、忠于祖国、忠于人民，以自己的最大智慧、力量、心血，作出无愧于历史、无愧于时代、无愧于人民的业绩。从此，围绕实现社会主义现代化和中华民族伟大复兴的总任务，一系列理论创新和实践创新相继展开，中国特色社会主义新时代的大幕徐徐拉开。

2017 年 10 月 18 日至 24 日，中国共产党第十九次代表大会在北京举行。习近平代表十八届中央委员会向大会作题为《决胜全面建成小康社会，夺取新时代中国特色社会主义伟大胜利》的报告。大会的主题是：不忘初心，牢记使命，高举中国特色社会主义伟大旗帜，决胜全面建成小康社会，夺取新时代中国特色社会主义伟大胜利，为实现中华民族伟大复兴的中国梦不懈奋斗。

2022 年 10 月 16 日，中国共产党第二十次全国代表大会在北京举行。习近平代

表十九届中央委员会向大会作题为《高举中国特色社会主义伟大旗帜，为全面建设社会主义现代化国家而团结奋斗》的报告。大会的主题是：高举中国特色社会主义伟大旗帜，全面贯彻新时代中国特色社会主义思想，弘扬伟大建党精神，自信自强、守正创新，踔厉奋发、勇毅前行，为全面建设社会主义现代化国家、全面推进中华民族伟大复兴而团结奋斗。

十八大召开至今已经十年了。十年来，我们经历了对党和人民事业具有重大现实意义和深远历史意义的三件大事：一是迎来中国共产党成立一百周年，二是中国特色社会主义进入新时代，三是完成脱贫攻坚、全面建成小康社会的历史任务，实现第一个百年奋斗目标。这是中国共产党和中国人民团结奋斗赢得的历史性胜利，是彪炳中华民族发展史册的历史性胜利，也是对世界具有深远影响的历史性胜利。

十年来，我们坚持马克思列宁主义、毛泽东思想、邓小平理论、“三个代表”重要思想、科学发展观，全面贯彻新时代中国特色社会主义思想，全面贯彻党的基本路线、基本方略，采取一系列战略性举措，推进一系列变革性实践，实现一系列突破性进展，取得一系列标志性成果，经受住了来自政治、经济、意识形态、自然界等方面的风险挑战考验，党和国家事业取得历史性成就、发生历史性变革，推动我国迈上全面建设社会主义现代化国家新征程。

知识链接：新时代新征程中国共产党的使命任务

从现在起，中国共产党的中心任务就是团结带领全国各族人民全面建成社会主义现代化强国、实现第二个百年奋斗目标，以中国式现代化全面推进中华民族伟大复兴。

中国式现代化，是中国共产党领导的社会主义现代化，既有各国现代化的共同特征，更有基于自己国情的中国特色。中国式现代化是人口规模巨大的现代化，是全体人民共同富裕的现代化，是物质文明和精神文明相协调的现代化，是人与自然和谐共生的现代化，是走和平发展道路的现代化。

中国式现代化的本质要求是：坚持中国共产党领导，坚持中国特色社会主义，实现高质量发展，发展全过程人民民主，丰富人民精神世界，实现全体人民共同富裕，促进人与自然和谐共生，推动构建人类命运共同体，创造人类文明新形态。

全面建成社会主义现代化强国，总的战略安排是分两步走：从 2020 年到 2035 年基本实现社会主义现代化；从 2035 年到本世纪中叶把我国建成富强民主文明和谐美丽的社会主义现代化强国。

到 2035 年，我国发展的总体目标是：经济实力、科技实力、综合国力大幅跃升，人均国内生产总值迈上新的大台阶，达到中等发达国家水平；实现高水平科技自立自强，进入创新型国家前列；建成现代化经济体系，形成新发展格局，基本实现新型工业化、信息化、城镇化、农业现代化；基本实现国家治理体系和治理能力现代化，全过程人民民主制度更加健全，基本建成法治国家、法治政府、法治社会；建成教育强国、科技强国、人才强国、文化强国、体育强国、健康中国，国家文化软实力显著增强；人民生活更加幸福美好，居民人均可支配收入再上新台阶，中等收入群体比重明显提高，基本公共服务实现均等化，农村基本具备现代生活条件，社会保持长期稳定，人的全面发展、全体人民共同富裕取得更为明显的实质性进展；广泛形成绿色生产生活方式，碳排放达峰后稳中有降，生态环境根本好转，美丽中国目标基本实现；国家安全体系和能力全面加强，基本实现国防和军队现代化。

在基本实现现代化的基础上，我们要继续奋斗，到本世纪中叶，把我国建设成为综合国力和国际影响力领先的社会主义现代化强国。

未来五年是全面建设社会主义现代化国家开局起步的关键时期，主要目标任务是：经济高质量发展取得新突破，科技自立自强能力显著提升，构建新发展格局和建设现代化经济体系取得重大进展；改革开放迈出新步伐，国家治理体系和治理能力现代化深入推进，社会主义市场经济体制更加完善，更高水平开放型经济新体制基本形成；全过程人民民主制度化、规范化、程序化水平进一步提高，中国特色社会主义法治体系更加完善；人民精神文化生活更加丰富，中华民族凝聚力和中华文化影响力不断增强；居民收入增长和经济增长基本同步，劳动报酬提高与劳动生产率提高基本同步，基本公共服务均等化水平明显提升，多层次社会保障体系更加健全；城乡人居环境明显改善，美丽中国建设成效显著；国家安全更为巩固，建军一百年奋斗目标如期实现，平安中国建设扎实推进；中国国际地位和影响进一步提高，在全球治理中发挥更大作用。

2. 中国梦的提出

在新的历史条件下续写坚持和发展中国特色社会主义这篇大文章，需要凝心聚力，需要精神支撑，需要目标引领。2012年11月29日，习近平在参观《复兴之路》展览时首次提出并阐述实现中华民族伟大复兴的中国梦，指出：“实现中华民族伟大复兴，就是中华民族近代以来最伟大的梦想。这个梦想，凝聚了几代中国人的夙愿，体现了中华民族和中国人民的整体利益，是每一个中华儿女的共同期盼。”中国梦的提出，贯通了中华民族的昨天、今天和明天，传递出新一届中央领导集体勇担民族复兴使命的坚定决心和信心。

此后，习近平在十二届全国人大一次会议等重要场合，进一步阐述和丰富了中国梦的基本内涵、实践途径和依靠力量。习近平指出，中国梦核心内涵是中华民族伟大复兴，本质是国家富强、民族振兴、人民幸福。实现中国梦必须走中国道路，这就是中国特色社会主义道路；必须弘扬中国精神，这就是以爱国主义为核心的民族精神和以改革创新为核心的时代精神；必须凝聚中国力量，这就是中国各族人民大团结的力量。中国梦是国家的梦、民族的梦，也是每一个中华儿女的梦。中国梦归根到底是人民的梦，必须紧紧依靠人民来实现，必须不断为人民造福。中国梦是和平、发展、合作、共赢的梦，不仅造福中国人民，而且造福世界人民。

中国梦把国家的追求、民族的向往、人民的期盼融为一体，体现了中华民族和中国人民的整体利益，表达了每一个中华儿女的共同愿景，成为激荡在中国人民心中的高昂旋律，成为中华民族团结奋斗的最大公约数和最大同心圆，成为激励中华儿女团结奋进、开辟未来的一面精神旗帜。

延伸阅读：习近平总书记寄语青少年

在奋斗中释放青春激情、追逐青春理想

广大青年既是追梦者，也是圆梦人。追梦需要激情和理想，圆梦需要奋斗和奉献。广大青年应该在奋斗中释放青春激情、追逐青春理想，以青春之我、奋斗之我，为民族复兴铺路架桥，为祖国建设添砖加瓦。

——2018 年 5 月 2 日，在北京大学师生座谈会上的讲话

像海绵汲水一样汲取知识

青年处于人生积累阶段，需要像海绵汲水一样汲取知识。

广大青年抓学习，既要惜时如金、孜孜不倦，下一番心无旁骛、静谧自怡的功夫，又要突出主干、择其精要，努力做到又博又专、愈博愈专。特别是要克服浮躁之气，静下来多读经典，多知其所以然。

——2017 年 5 月 4 日，在中国政法大学考察时的讲话

处优而不养尊，受挫而不短志

青年在成长和奋斗中，会收获成功和喜悦，也会面临困难和压力。要正确对待一时的成败得失，处优而不养尊，受挫而不短志，使顺境逆境都成为人生的财富而不是人生的包袱。广大青年人人都是一块玉，要时常用真善美来雕琢自己，不断培养高洁的操行和纯朴的情感，努力使自己成为高尚的人。

——2017 年 5 月 4 日，在中国政法大学考察时的讲话

从小就让社会主义核心价值观的种子在心中生根发芽

中小学生是青少年的主体，是国家的未来和希望。中小学生要立志成才，必须勤奋学习、提高综合素质，努力做到修身立德、志存高远，勤学上进、追求卓越，强健体魄、健康身心，锤炼意志、砥砺坚韧。同学们都要自觉加强道德养成，从小就让社会主义核心价值观的种子在心中生根发芽，把国家、人民、民族装在心中，注重养成健康、乐观、向上的品格；都要乐于学习、勤于学习、善于学习，在求知境界上越来越高；都要把身心健康牢牢抓在手上，养成良好的生活习惯，经常参加劳动和体育锻炼，通过多种方式怡情养性；都要敢于面对各种困难和挫折，自觉培养不畏艰难、顽强奋进的意志品质。

——2016 年 9 月 9 日，在北京市八一学校考察时的讲话

保持初生牛犊不怕虎的劲头

广大青年要保持初生牛犊不怕虎的劲头，不懂就学，不会就练，没有条件就努力创造条件。“志之所趋，无远弗届，穷山距海，不能限也。”对想做爱做的事要敢试敢为，努力从无到有、从小到大，把理想变为现实。要敢于做先锋，而不做过客、不当看客，让创新成为青春远航的动力，让创业成为青春搏击的能量，让青春年华在为国家、为人民的奉献中焕发出绚丽光彩。

——2016 年 4 月 26 日，在知识分子、
劳动模范、青年代表座谈会上的讲话

热爱生活，懂得感恩，与人为善，明礼诚信，争当学习和实践社会主义核心价值观的小模范

要从小学习做人。世界上最难的事情，就是怎样做人、怎样做一个好人。要做一个好人，就要有品德、有知识、有责任，要坚持品德为先。你们现在都是小树苗，品德的养成需要丰富的营养、肥沃的土壤，这样才能茁壮成长。现在把自己的品德培育得越好，将来人就能做得越好。要学会做人的准则，就要学习和传承中华民族传统美德，学习和弘扬社会主义新风尚，热爱生活，懂得感恩，与人为善，明礼诚信，争当学习和实践社会主义核心价值观的小模范。

——2015 年 6 月 1 日，在会见中国少年先锋队
第七次全国代表大会全体代表时的讲话

争当勤奋学习、自觉劳动、勇于创造的小标兵

要从小学习创造。幸福不是毛毛雨，幸福不是免费午餐，幸福不会从天而降。人世间的一切成就、一切幸福都源于劳

动和创造。时代总是不断发展的，等你们长大了，生活将发生巨大变化，科技也会取得巨大进步，需要你们用新理念、新知识、新本领去适应和创造新生活，这样，一个民族、人类进步才能生生不息。从现在起，你们就要争当勤奋学习、自觉劳动、勇于创造的小标兵。

——2015 年 6 月 1 日，在会见中国少年先锋队第七次全国代表大会全体代表时的讲话

人生的扣子从一开始就要扣好

青年的价值取向决定了未来整个社会的价值取向，而青年又处在价值观形成和确立的时期，抓好这一时期的价值观养成十分重要。这就像穿衣服扣扣子一样，如果第一粒扣子扣错了，剩余的扣子都会扣错。人生的扣子从一开始就要扣好。

——2014 年 5 月 4 日，在北京大学师生座谈会上的讲话

生活靠劳动创造，人生也靠劳动创造

生活靠劳动创造，人生也靠劳动创造。你们从小就要树立劳动光荣的观念，自己的事自己做，他人的事帮着做，公益的事争着做，通过劳动播种希望、收获果实，也通过劳动磨炼意志、锻炼自己。

——2013 年 5 月 29 日，在同全国各族少年儿童代表共庆六一国际儿童节时的讲话

身体是人生一切奋斗成功的本钱

身体是人生一切奋斗成功的本钱，少年儿童要注意加强体育锻炼，家庭、学校、社会都要为少年儿童增强体魄创造条件，让他们像小树那样健康成长，长大后成为建设祖国的栋梁之材。

——2013 年 4 月 2 日，在参加首都义务植树活动时的讲话

3.“五位一体”总体布局

2012年，党的十八大把生态文明建设纳入中国特色社会主义建设总体布局，使生态文明建设成为“五位一体”总体布局中不可或缺的重要内容。“五位一体”是指经济建设、政治建设、文化建设、社会建设和生态文明建设，它是一个有机的整体。其中，经济建设是中心，政治建设是保障制度，文化建设是灵魂，社会建设是前提条件，生态文明建设则是整个社会可持续发展的基础。习近平指出：“坚持以经济建设为中心，在经济不断发展的基础上，协调推进政治建设、文化建设、社会建设、生态文明建设以及其他各方面建设。”

“五位一体”总布局是中国共产党在建设中国特色社会主义实践过程中认识不断深化的结果。邓小平首先提出物质文明、精神文明的“两个文明”建设，后来，党在此基础上提出经济、政治、文化建设的“三位一体”。在科学发展观与和谐社会的理念提出后，党要将以改善民生为重点的社会建设提上重要日程。2007年，党的十七大将经济、政治、文化、社会建设“四位一体”的中国特色社会主义事业总体布局写入党章。进入新时代，以习近平同志为核心的党中央坚持统筹推进中国特色社会主义经济建设、政治建设、文化建设、社会建设、生态文明建设“五位一体”总体布局，推动中国特色社会主义事业的全面发展、全面进步。

习近平指出，生态文明建设是关系中华民族永续发展的千年大计，事关及中华民族永续发展的根本大计。必须树立和践行绿水青山就是金山银山的理念，坚持节约资源和保护环境的基本国策，像对待生命一样对待环境，不断增强人民群众的生态环境获得感、幸福感、安全感。这表明以习近平同志为核心的党中央从历史维度和战略高度加快生态文明建设的坚定信念和坚决和坚强决心，体现了党更加强调均衡、可持续和以人为本的发展，继承和发展了马克思主义关于人、自然、社会辩证统一的思想。

“五位一体”总体布局表明中国共产党对中国特色社会主义的认识达到了新境界，使我国改革开放和社会主义现代化建设取得历史性成就，发生了历史性变革。

延伸阅读：“四个全面”战略布局

党的十八大提出全面建成小康社会。2013 年 11 月，党的十八大三中全会对全面深化改革进行了系统部署。2014 年 10 月，党的十八大四中全会明确了全面推进依法治国的重大任务。改革和法治如鸟之两翼、车之两轮，有力推动全面建成小康社会事业向前发展。随着实践的深入，党对治国理政的规律性认识也在不断深化。2014 年 12 月，习近平在江苏调研时讲道：“要全面贯彻党的十八大和十八届三中、四中全会精神，落实中央经济工作会议精神，主动把握和积极适应经济发展新常态，协调推进全面建成小康社会、全面深化改革、全面依法治国、全面从严治党，推动改革开放和社会主义现代化建设迈上新台阶。”这是习近平首次提出“四个全面”。2015 年 2 月，习近平在省部级主要领导干部学习研讨班开班式上，明确将“四个全面”定位“战略布局”。2020 年 10 月，党的十九届五中全会召开，对开启全面建设社会主义现代化国家新征程作出战略决策。“四个全面”战略战略布局的内涵演化为“全面建设社会主义现代化国家、全面深化改革、全面依法治国、全面从严治党”。

“四个全面”战略部局，全面而齐整，表现出整体性、系统性和一致性。“四个全面”战略布局，每一个“全面”都具有重大的战略意义，都是事关全局的战略重点。同时，“四个全面”相辅相成、相互促进、相得益彰，具有紧密逻辑和内在联系，是战略目标与战略举措相统一的有机整体。

4. 人民就是江山

2021 年 5 月 13 日，习近平总书记在河南考察时，进乡村、入农户、聊家常，深入了解当地的移民安置后续帮扶工作和全面推进乡村振兴情况，总书记指出：“人民就是江山，共产党打江山、守江山，守的是人民的心，为的是让人民过上好日子。”

毛泽东同志对人民群众有四个生动的比喻，他指出，人民群众是“真正的铜墙铁壁”，是我们党的上帝，“我们共产党人好比种子，人民好比土地”，党与人民还是鱼水关系，“水里可以没有鱼，但鱼儿却永远离不开水”。习近平总书记把人民群众比喻为“天地”：老百姓是天，老百姓是地。忘记了人民，脱离了人民，我们就会成为无源之水、无本之木，就会一事无成。任何时候都不能忘记为了谁、依靠谁、我是谁，真正同人民结合起来。

我们党的百年历史，就是一部践行党的初心使命的历史，就是一部党与人民心连心、同呼吸、共命运的历史。军队打胜仗，人民是靠山。淮海战役胜利是靠老百姓用小车推出来的，渡江战役胜利是靠老百姓用小船划出来的。新中国成立后，在我们党的领导下，人民群众的建设创造伟力得到极大释放。我国的社会主义建设成就是人民群众干出来的，改革开放的历史伟剧是亿万人民群众主演的。一切成就都归功于人民，一切荣耀都归属于人民。历史车轮滚滚向前，时间是最好的见证，人民是真正的英雄。

“平易近民，民必归之。”人民是党的靠山、党的根基、党的血脉，我们党是人民的主心骨、定盘星、压舱石。全心全意为人民服务是我们党的根本宗旨，人民立场是我们党的根本政治立场。从革命年代的得天下到和平年代的治天下，我们党的宗旨、立场没有变，从毛泽东同志的“为人民服务”到习近平总书记的“坚持以人民为中心的发展”，人民群众的地位都是最高的。中华人民共和国的一切权力属于人民，我们国家的名称，我们各级国家机关的名称，都冠以“人民”的称号，这是我们对中国社会主义政权的基本定位。

红色江山打下来不容易，守住更难，关键是要守住民心，不忘初心，牢记使命，永远奋斗。我们开展爱国主义教育，重要目的就是回望初心，传承好红色基因，赓续红色血脉，更好地为民服务。我们党靠人民打江山，为人民守江山。历史已经证明并将继续证明：人民就是江山，江山就是人民。

延伸阅读：决战脱贫攻坚取得决定性胜利

消除贫困、改善民生、逐步实现共同富裕，是中国特色社会主义的本质要求，是中国共产党的重要历史使命。习近平强调：“全面建成小康社会、实现第一个百年奋斗目标，农村贫困人口全部脱贫是一个标志性指标。”“历史充分证明，江山就是人民，人民就是江山，人心向背关系党的生死存亡。”以习近平同志为核心的党中央，坚持以人民为中心的发展思想，把脱贫攻坚摆到治国理政重要位置，提升到事关全面建成小康社会、实现第一个百年奋斗目标的政治高度，充分发挥党的领导和我国社会主义制度的政治优势，采取了许多具有原创性、独特性的重大举措，组织实施了人类历史上规模最大、力度最强的脱贫攻坚战。2017 年 10 月，党的十九大向全党全国人民发出坚决打赢脱贫攻坚战的动员令。2018年6月，中共中央、国务院制定《关于打赢脱贫攻坚战三年行动的指导意见》。2019年3月，习近平在全国两会上号召全国“尽锐出战、迎难而上，真抓实干、精准施策”，吹响打赢脱贫攻坚战的号角。10月，党的十九届四中全会提出“坚决打赢脱贫攻坚战，巩固脱贫攻坚成果，建立解决相对贫困的长效机制”。

习近平高度重视消除贫困问题，足迹遍布全国14个集中连片特困地区，先后在陕西、贵州、宁夏、山西、四川等地主持召开7次脱贫攻坚座谈会。2020年3月，在抗击新冠肺炎疫情的关键时刻，习近平出席决战决胜脱贫攻坚座谈会并发表重要讲话，有力动员全党全国全社会力量，确保取得脱贫攻坚战最后胜利。建立中央统筹、省负总责、市县乡抓落实的工作机制，强化党政一把手负总责的责任制，五级书记抓扶贫，脱贫攻坚期内保持贫困县党政正职稳定，全国累计选派300多万县级以上机关、国有企事业单位干部参加驻村帮扶，形成“专项扶贫、行业扶贫、社会扶贫”的“三位一体”大扶贫格局。在党中央的坚强领导下，全社会积极参与，广大党员发挥先锋模范作用，精准扶贫、精准脱贫，扶真贫、真扶贫、真脱贫。注重扶贫同扶志、扶智相结合，深入实施东西部扶贫协作，重点攻克深度贫困地区脱贫任务。2020年，这场举全党全国之力的脱贫攻坚战取得决定性胜利。11月23日，是一个载入史册的不平凡的日子，我国最后9个贫困县实现贫困退出。经过8年的持续奋斗，全国832个县全部脱贫，12.8万个贫困村全部出列，近1亿贫困人口实现脱贫，消除了绝对贫困和区域性整体贫困。2021年2月25日，全国脱贫攻坚总结表彰大会举行，习近平在会上庄严宣告：我国脱贫攻坚战取得了全面胜利。这是中国人民的伟大光荣，是中国共产党的伟大光荣，是中华民族的伟大光荣！

困扰中华民族几千年的绝对贫困问题得到历史性解决，是全面建成小康社会的标志性成果。

打赢脱贫攻坚战，为人类减贫事业作出历史性贡献，为全球减贫治理提供了中国智慧和中国方案。西方发达国家用了几百年至今也没能完全消除绝对贫困问题，而我国仅仅用几十年就历史性解决了，提前10年实现联合国2030年可持续发展议程确定的减贫目标，走在全球减贫事业前列。这一伟大壮举，将载入人类社会发展的史册，向世界有力证明中国共产党领导和中国特色社会主义制度的优越性。

5. 构建人类命运共同体

2013年3月，习近平在莫斯科国际关系学院发表演讲，倡导构建人类命运共同体。之后，在一系列重大国际场合，习近平对构建人类命运共同体理念进行了深入阐发，在国际社会产生广泛影响。2015年9月，习近平在纽约联合国总部出席第七十届联合国大会一般性辩论并发表重要讲话，将构建以合作共赢为核心的新型国际关系与打造人类命运共同体紧密相连，进一步丰富发展了人类命运共同体思想。

2017年1月17日，习近平在达沃斯世界经济论坛年会上发表主旨演讲，指出经济全球化是社会生产力发展的客观要求和科技进步的必然结果，不是哪些人、哪些国家人为造出来的。面对经济全球化带来的机遇和挑战，正确的选择是充分利用一切机遇，合作应对一切挑战，引导好经济全球化走向，打造富有活力的增长模式、开放共赢的合作模式、公正合理的治理模式、平衡普惠的发展模式。只要我们牢固树立人类命运共同体意识，携手努力、共同担当，同舟共济、共渡难关，就一定能够让世界更美好、让人民更幸福。

2017年1月18日，习近平在联合国日内瓦总部发表主旨演讲。面对“世界怎么了、我们怎么办？”这一时代之问，习近平提出“构建人类命运共同体，实现共赢共享”的中国方案，系统阐释构建人类命运共同体的理论内涵和目标路径，倡导建设持久和平、普遍安全、共同繁荣、开放包容、清洁美丽的世界。这一重大理念，以宏阔的国际视野和高度的责任担当，廓清错误认识、厘清发展出路，为处于十字路口的世界指引前行方向。

构建人类命运共同体，是面对世界百年未有之大变局，为解决人类面临的各种复杂问题贡献的中国智慧和中国方案，得到国际社会的广泛认同。2017年3月，“构建人类命运共同体”被写入联合国安理会第2344号决议。

这一理念集中了中华优秀传统文化智慧，体现了全人类共同的愿望和追求，反映了世界各国人民对和平、发展、繁荣向往的必然趋势，成为引领时代潮流和人类文明进步的鲜明旗帜。

延伸阅读：积极促进“一带一路”国际合作

“一带一路”倡议是中国特色大国外交的伟大实践。2013年秋，习近平提出了共建丝绸之路经济带和21世纪海上丝绸之路倡议。11月，“推进丝绸之路经济带、海上丝绸之路建设，形成全方位开放新格局”作为一项重大决策部署，写入党的十八届三中全会审议通过的《中共中央关于全面深化改革若干重大问题的决定》。2014年6月，习近平在中国—阿拉伯国家合作论坛第六届部长级会议上首次正式使用“一带一路”的提法，并对丝绸之路精神和“一带一路”建设应该坚持的原则作出系统阐述。“一带一路”建设作为一种全新的合作模式和共同繁荣发展的方案正式提出。

伴随着“一带一路”倡议的提出，“一带一路”建设规划也随即展开。2014年11月，“加强互联互通伙伴关系”东道主伙伴对话会在北京举行，习近平提出以亚洲国家为重点方向、以经济走廊为依托、以交通基础设施为突破、以建设融资平台为抓手、以人文交流为纽带的合作建议，指出互联互通是要建设全方位、立体化、网络状的大联通，是生机勃勃、群策群力的开放系统，进一步指明了“一带一路”建设的方向和路径。2015年3月，国家发展改革委、外交部、商务部联合发布了《推动共建丝绸之路经济带和21世纪海上丝绸之路的愿景与行动》，涵盖“一带一路”建设的时代背景、共建原则、框架思路、合作重点、合作机制等八大方面，坚持共商、共建、共享原则，努力实现政策沟通、设施联通、贸易畅通、资金融通、民心相通。“一带一路”国际合作平台以更清晰的轮廓展现在世人面前。

“一带一路”建设是我国扩大开放的重大战略举措和经济外交的顶层设计，更是探索全球治理新模式、推动构建人类命运共同体的新平台，引起世界的普遍关注和响应。2017年5月，首届“一带一路”国际合作高峰论坛在北京召开。习近平出席开幕式并发表主旨演讲，强调要将“一带一路”建成和平之路、繁荣之路、开放之路、创新之路、文明之路。29个国家的元首和政府首脑出席论坛，140多个国家、80多个国际组织的1600多名代表参会，领导人圆桌峰会发表了联合公报，为推动各方合作共建“一带一路”取得广泛共识。

截至2017年9月底，已有74个国家和国际组织与中方签署共建“一带一路”合作文件。共建“一带一路”国家由亚欧延伸至非洲、拉美、南太等区域。

在明确的愿景规划引导下，在“一带一路”沿线各国人民的共同努力下，“一带一路”建设逐步从理念到行动，发展成为实实在在的国际合作。2014年至2016年，中国同“一带一路”沿线国家贸易总额超过3万亿美元。中国对“一带一路”沿线国家投资累计超过500亿美元。截至2017年10月，中国已与“一带一路”沿线国家签署130多个双边和区域运输协定，与相关国家开通了356条国际道路客货运输线路；每周约4200个航班，中国与43个沿线国家实现空中直航；中欧班列开通50多条，累计开行5000多列，从中国驶出的“钢铁驼队”到达欧洲12个国家30多个城市。

6. 生态文明建设成效显著

党的十八大后，以习近平同志为核心的党中央把生态文明建设作为统筹推进“五位一体”总体布局和协调推进“四个全面”战略布局的重要内容，以“绿水青山就是金山银山”理念为先导，推动我国生态环境保护发生历史性、转折性、全局性变化。

良好生态环境是最普惠的民生福祉。经过30多年持续快速发展，多年积累下来的环境问题在某些地方、某些领域进入高强度频发阶段。这不仅是关系党的使命宗旨的重大政治问题，也是关系民生的重大社会问题。

建设生态文明，重在建章立制，用最严格的制度、最严密的法治保护生态环境。2013年11月，党的十八届三中全会将“生态文明体制改革”纳入全面深化改革的目标体系，提出紧紧围绕建设美丽中国深化生态文明体制改革，加快建立生态文明制度，健全国土空间开发、资源节约利用、生态环境保护的体制机制，推动形成人与自然和谐发展现代化建设新格局。2015年，中共中央、国务院先后印发《关于加快推进生态文明建设的意见》和《生态文明体制改革总体方案》，从总体目标、基本理念、主要原则、重点任务、制度保障等方面对生态文明建设进行全面系统部署安排，要求到2020年构建起产权清晰、多元参与、激励约束并重、系统完整的生态文明制度体系。在这些顶层设计指引下，生态文明制度建设全面展开并不断向纵深推进，取得一系列重大突破。

推进生态文明建设离不开对生态环境有力的监管。党的十八大后，一些严重破坏生态环境事件受到严肃查处。党中央明确生态环境保护实行党政同责、一岗双责，严格落实领导干部生态文明建设责任制。2015 年至 2020 年，开展两轮次中央生态环境保护督察，对解决突出生态环境问题、促进经济高质量发展等发挥了关键作用。被称为“史上最严”的新环保法从 2015 年开始实施，在打击环境违法犯罪方面力度空前。2015 年至 2020 年，全国实施生态环境行政处罚案件 93.06 万件，罚款金额 578.64 亿元。

从保护到修复，牢固树立保护生态环境就是保护生产力、改善生态环境就是发展生产力的理念，着力补齐生态短板。2013 年至 2017 年，全国新增造林面积 4.6 亿亩，完成森林抚育 6.38 亿亩，全国森林覆盖率达到 21.66%。到 2017 年底，我国治理沙化土地 1.26 亿亩，荒漠化沙化呈整体遏制、重点治理区明显改善的态势，沙化土地面积年均缩减 1980 平方公里，实现了由“沙进人退”到“人进沙退”的历史性转变。全国地表水国控断面Ⅰ—Ⅲ类水体比例增加到 67.9%，劣Ⅴ类水体比例下降到 8.3%，大江大河干流水质稳步改善。同 2013 年相比，2017 年全国地级及以上城市可吸入颗粒物平均浓度下降 22.7%，京津冀、长三角、珠三角等重点区域 PM2.5 平均浓度分别下降 39.6%、34.3%、27.7%。

在生态文明建设深入推进的实践中，国土空间开发保护制度和空间规划体系不断健全。2015 年 8 月，国务院印发《全国海洋主体功能区规划》，我国主体功能区战略实现陆域国土空间和海域国土空间的全覆盖。

坚持山水林田湖草是一个生命共同体，全面加大生态系统保护力度。

积极参与全球环境与气候治理。我国率先发布《中国落实 2030 年可持续发展议程国别方案》，实施《国家应对气候变化规划（2014—2020 年）》。2015 年 12 月，中国积极推动联合国气候变化巴黎大会达成《巴黎协定》这一历史性文件。在 2016 年二十国集团领导人杭州峰会期间，习近平代表中国政府正式向联合国交存了《巴黎协定》批准文书。中国积极履行生物多样性保护国际义务，为全球环境治理作出持续努力。中国关于生态文明建设的理念和战略，得到国际社会的广泛认可。

延伸阅读：建设美丽中国

人与自然的关系是人类社会最基本的关系。马克思主义认为，人靠自然界生活。人类在同自然的互动中生产、生活、发展。中华文明强调要把天地人统一起来，按照大自然规律活动，取之有时，用之有度。习近平总书记指出："自然是生命之母，人与自然是生命共同体，人类必须敬畏自然、尊重自然、顺应自然、保护自然。"保护自然就是保护人类，建设生态文明就是造福人类。

生态兴则文明兴，生态衰则文明衰。生态环境是人类生存和发展的根基，生态环境变化直接影响文明的兴衰。古今中外这方面的例子不少。我国古代一些地区，如河西走廊、黄土高原都曾经水丰草茂，由于毁林开荒、乱砍滥伐，使生态环境遭到严重破坏，导致经济衰落。

历史教训表明，在整个发展过程中，不能只讲索取不讲投入，不能只讲发展不讲保护，不能只讲利用不讲修复。人类只有遵循自然规律才能有效防止在开发利用自然资源上走弯路，人类对大自然的伤害最终会伤及人类自身，这是无法抗拒的规律。

▲ 摄影：于怀

建设绿色家园是各国人民的共同梦想。纵观人类文明发展史，工业化进程创造了前所未有的物质财富，也产生了难以弥补的生态创伤。杀鸡取卵、竭泽而渔的发展方式走到了尽头，顺应自然、保护生态的绿色发展昭示着未来。保护生态环境、应对气候变化需要世界各国同舟共济、共同努力，任何一国都无法置身事外、独善其身。

我国已成为全球生态文明建设的重要参与者、贡献者、引领者，主张加快构筑尊崇自然、绿色发展的生态体系，共建清洁美丽世界。要深度参与全球环境治理，引导应对气候变化国际合作，增强我国在全球环境治理体系中的话语权和影响力。与世界各国共同呵护地球家园，同筑生态文明之基，同走绿色发展之路，让子孙后代既能享有丰富的物质财富，又能遥望星空、看见青山、闻到花香。

7. 默默无闻的大国工匠

中央电视台曾经推出《大国工匠》8集系列节目。这套系列节目讲述了为长征火箭焊接发动机的国家高级技师高凤林等8位不同岗位的劳动者，用自己的灵巧双手匠心筑梦的故事。

这群不平凡劳动者的成功之路，是默默坚守，孜孜以求，在平凡岗位上，追求职业技能的完美和极致。他们最终脱颖而出，跻身“国宝级”技工行列，成为本领域不可或缺的人才。

管延安以匠人之心追求技艺的极致，让海底隧道成为他实现梦想的平台。

高凤林是“发动机焊接第一人”。很多企业试图用高薪聘请他，甚至开出高于现工资几倍的待遇加上两套北京住房的诱人条件，但他不为所动。

周东红，30 年来始终保持着成品率高达 100% 的纪录，他加工的纸成为一些著名画家及国家画院的“御用画纸”。

胡双钱，创造了打磨过的零件 100% 合格的惊人纪录。在中国新一代大飞机 C919 的首架样机上，有很多他亲手打磨出来的“前无古人”的全新零部件。

孟剑锋，百万次的精雕细琢，雕刻出令人叹为观止的“丝巾”。

张冬伟，焊接质量有百分百的保障，外观也完美无缺。

宁允展，CRH380A 的首席研磨师，是中国第一位从事高铁列车转向架“定位臂”研磨的工人，被同行称为“鼻祖”。

顾秋亮，在载人潜水器的组装中，全中国能实现精密度达到“丝”级的只有他一个。

宝剑锋从磨砺出。在收看该系列节目时，发现他们的文化背景不同，年龄有别，但拥有一个共同的闪光点——热爱本职工作、敬业奉献。他们技艺精湛，有人能焊接牛皮纸一样薄的钢板而不出现一丝漏点；有人能把密封精度控制在头发丝的 1/50 之内；有人检测手感堪比 X 光般精准，令人叹服。他们之所以能够达到如此境界，凭的是传承和钻研，靠的是专注与磨砺。

“问渠那得清如许，为有源头活水来。”人的心灵深处一旦有了源源流淌的“活水”，便有了创业创造、建功建树的不竭“源泉”。这个“成功之源”就是爱岗精神、敬业自觉。爱岗敬业，是社会主义核心价值观的内容之一。筑就人生美丽梦想也好，践行核心价值观也罢，既不是虚无缥缈的，也不是高不可攀的。“成功之源”，就根植在你我他的职业道德里、情感良心中。爱岗敬业是满足社会需求与实现个人价值的有机统一。

“大国工匠”的感人故事表明，只有那些热爱本职、脚踏实地，勤勤恳恳、兢兢业业，尽职尽责、精益求精的人，才可能成就一番事业，才可望体现人生价值。

延伸阅读：华为自强不息、勇攀科技高峰的故事

中国很少有民营企业，能像华为那样，把重心放在科技上。华为从一开始，就确立了立足科技的发展策略。这当然和任正非有很大关系，因为他就是从军工企业走出来的技术人员，能认识到科技的重要性。

1987 年，任正非集资 2 万多元创办了华为公司，开始时主要是代销香港的一种交换机，挣了一笔钱。很多人挣钱后，会用来改善生活条件，但任正非没有，而是把钱用到技术的研发上。当时，深圳到处都在谈房地产，谈股票，任正非对此不闻不问，在他内心深处，更加关心的是知识和技术。他在《华为基本法》中写道：销售额的 10%，必须用于研发。

也许是和人生经历有关，任正非非常注重艰苦奋斗。2002 年，华为遭遇了创业以来最大的挫折。一时间，公司人才流失，市场遇冷，诉讼不断，加上母亲去世，任正非几近崩溃。但即使如此，他也没放弃研发。后来，华为终于研发出自己的通信设备，此后，便进入快速发展阶段。

智能手机问世以后，为了不受制于人，华为又积极投入芯片的研究与开发；同时在操作系统上，也有新的突破，研发了新的操作系统。尤其是 5G 技术，华为更是独占鳌头。这期间，华为遭遇过重大挫折，比如，技术和市场被美国封锁。但

是，这并不能困住华为，华为一刻也没有停止发展，始终在瞄准未来，勇敢出发。

8.“十三五”收官与“十四五”开局

2020年是“十三五”规划收官之年，2021年是“十四五”规划开局之年。全面建设社会主义现代化国家新征程、向第二个百年奋斗目标进军的步伐已经开启。在常态化疫情防控特殊背景下，要立足新发展阶段，贯彻新发展理念，构建新发展格局，以推动高质量发展为主题，确保“十四五”开局迈好第一步，见到新气象。

回顾过去，我们充满自豪。“十三五”时期是全面建成小康社会决胜阶段，面对错综复杂的国际形势、艰巨繁重的国内改革发展稳定任务、新冠肺炎疫情的严重冲击，以习近平同志为核心的党中央不忘初心、牢记使命，团结带领全党全国各族人民砥砺前行、开拓创新，奋发有为地推进党和国家各项事业，战胜各种风险挑战，中国特色社会主义的航船继续乘风破浪、坚毅前行，决胜全面建成小康社会取得决定性成就。“十三五”期间，我国经济社会各领域取得辉煌成就：2020年GDP首超100万亿元，占世界经济比重升至17%左右，人均GDP突破1万美元；2019年年末，高速铁路营业总里程超3.5万千米，占全球高铁里程2/3以上；5G商用正式启动，建成5G基站超过50万个，5G终端连接数超过1亿；电子商务和移动支付交易额均居世界首位；全球首颗量子通信卫星“墨子号”发射成功，在人类历史上首次实现卫星和地面之间的量子通信；嫦娥五号返回器携带月球样品成功着陆；2020年，中国现有的贫困人口全部脱贫。这些辉煌成就，增进了民生福祉，增强了人民群众的获得感、幸福感、安全感，也增添了“十四五”开局之年再创辉煌的动力、信心和底气。

“十四五”时期是我国全面建成小康社会、实现第一个百年奋斗目标之后，乘势而上开启全面建设社会主义现代化国家新征程、向第二个百年奋斗目标进军的第一个五年。在开局之年的2021年，我们有八项重点任务：一是强化国家战略科技力量；二是增强产业链供应链自主可控能力；三是坚持扩大内需这个战略基点；四是全面推进改革开放；五是解决好种子和耕地问题；六是强化反垄断和防止资本无序扩张；七是解决好大城市住房突出问题；八是做好碳达峰、碳中和工作。

回首2020年，我们分外自豪；展望未来，我们信心满满。我们砥砺奋进，披荆斩棘，走过了万水千山；我们还要继续奋斗，勇往直前，创造更加灿烂的辉煌。

延伸阅读：中国未来30年

到2035年基本实现社会主义现代化是党和国家在新时代“两步走”战略安排的关键一步。中华人民共和国成立以后，我们党对社会主义现代化建设进行了艰辛探索。在20世纪80年代末和20世纪末这两个时间节点上，我们先后实现了解决人民温饱问题、人民生活总体上达到小康水平的发展目标。在这个基础上，我们党高瞻远瞩地提出，到建党100年时全面建成小康社会，然后再奋斗30年，到中华人民共和国成立100年时，基本实现现代化，把我国建成社会主义现代化国家。

党的十九大站在新的历史起点上，综合分析国际国内形势和我国发展条件，对新时代推进社会主义现代化建设做出新的顶层设计，并对实现第二个百年奋斗目标做出分两个阶段推进的战略安排，即到2035年基本实现社会主义现代化，到本世纪中叶把我国建成富强民主文明和谐美丽的社会主义现代化强国。这个战略安排，把基本实现现代化的时间比原先提前了15年。这一既体现历史发展延续性又符合实践发展新要求的动员令，向全党全国人民发出了实现中华民族伟大复兴中国梦的时代最强音。

到2035年基本实现社会主义现代化，是我国全面建成小康社会、实现第一个百年奋斗目标之后，向第二个百年奋斗目标进军的关键一步，是“十四五”以至未来15年引领我国发展的总目标，具有十分重要和深远的战略意义。

党的十九大在对实现第二个百年奋斗目标做出“两步走”战略安排时，对两个阶段发展目标分别进行了展望并提出了要求。在即将开启全面建设社会主义现代化国家新征程的历史时刻，《建议》展望2035年，进一步从九个方面明确了基本实现社会主义现代化远景目标，丰富了目标内涵，提出了新的更高要求。制定这些目标，既充分考虑了我国继续发展具有多方面优势和有利条件，也充分考虑了各种风险和挑战，因而实现这些目标是有基础、有条件、有把握的。

9. 走进爱国主义教育基地

我国各级各类爱国主义教育基地涵盖各个历史时期重大历史事件、重要人物和重要革命纪念地，从不同角度记录了中华民族悠久灿烂的历史文化，反映了中国人民英勇奋斗的光辉足迹，展现了中国共产党人不忘初心、牢记使命，为中国人民谋幸福、为中华民族谋复兴的伟大历程，日益成为激发爱国热情、凝聚人民力量、弘扬民族精神、传承红色基因的重要场所，成为中国共产党人的精神殿堂、中国人民的精神家园、中华民族的精神高地。

早在1997年7月，中宣部向社会公布了“中国人民革命军事博物馆”“中国人民抗日战争纪念馆”“侵华日军南京大屠杀遇难同胞纪念馆”“抗美援朝纪念馆”“西柏坡中共中央旧址”“圆明园遗址公园”等首批100个爱国主义教育示范基地。

2001年6月11日，中宣部公布了以反映党的光辉历史为主要内容的第二批100个爱国主义教育示范基地。

2005年11月20日，中宣部公布了第三批66个全国爱国主义教育示范基地名单。

2009年5月，中宣部公布第四批87个全国爱国主义教育示范基地。旨在进一步推动爱国主义教育基地建设，更好地发挥爱国主义教育基地作用，更加深入地开展群众性爱国主义教育活动，激发爱国热情、凝聚人民力量、培育民族精神。

2017年3月，中央宣传部命名41个全国爱国主义教育示范基地。

2019年9月，在中华人民共和国成立70周年之际，中宣部新命名39个全国爱国主义教育示范基地 。

2021年6月，在庆祝中国共产党成立100周年之际，中央宣传部命名111个全国爱国主义教育示范基地。

这些示范基地以重点反映我们党和国家历史上的重大事件、重要革命纪念地和重要旧居旧址为主，具有广泛代表性和影响力，浓缩了中华民族可歌可泣的光辉历史，记录了灿烂悠久的华夏文明，展现了近代中国人民英勇奋斗的壮丽篇章，反映了中国共产党人的丰功伟业和社会主义现代化建设的丰硕成果。

延伸阅读：我们永远不会忘记

鸦片战争撬开中国大门，命运多舛的中国受尽屈辱、尝尽苦难。从甲午战争到中华人民共和国的成立，中国人民顽强奋斗、浴血奋斗，从此站立起来。

闭目凝思，耳畔边仿佛回响起战火硝烟的年代。神州大地山河破碎、风雨飘摇。救亡图存的青年学生为中国的存亡四处奔走，英勇的战士无所畏惧，杀敌向前。

我们永远不会忘记，革命战争年代，全国 2000 万名烈士为民族独立、人民解放和国家富强、人民幸福英勇牺牲。烈士们用鲜血和生命为共和国奠基。当硝烟散去，他们为保万家安宁，以奉献与牺牲为人民谋福祉。

每一个中国人的心里，从未忘记。那年，黄海硝烟漫天，致远舰全速冲向敌舰，满怀愤懑地沉入海底。南昌城头，一声枪响，多少仁人志士前仆后继，用信仰点亮星火；漫漫长征路，一座座雪山上倒下年轻的战士；卢沟桥畔，多少年轻生命倒在血泊之中，染红黄土地……峥嵘险峻的狼牙山上，实力

▼ 全国爱国主义教育示范基地——中国人民抗日战争纪念馆雕塑

悬殊的战斗中，五位英雄与敌人殊死搏斗，弹尽粮绝后跳下山崖；抗美援朝，在上甘岭的惨烈战斗中，无情地把许多年轻战士的生命终止他乡。经历过几十场战斗，归来的战士少了些熟悉的面庞，多了些沉默的老兵。数万将士，烈骨忠魂埋他乡，成了最不可言说的痛。那段时光，被封锁在岁月里，封锁在战火硝烟的记忆里，那一段历史沉甸甸……

英雄烈士的事迹令人震撼，英雄先烈的不朽精神催人上进。“狼牙山五壮士”“白刃格斗英雄连”“刘老庄连”、董存瑞、邱少云、黄继光等无数英雄群体和革命先烈，用生命诠释了一往无前的英雄气概。

近些年，全国每年新评定的烈士数量在 300 人左右。我国国内现有烈士墓 99 万余座，烈士纪念堂馆、碑亭、塔祠、塑像、骨灰堂等纪念设施 2.9 万余处。在全球 22 个国家和地区，我国还有 170 多处烈士纪念设施。

纪念烈士，更要继承烈士遗志，为实现中华民族伟大复兴的中国梦奋勇前进。英雄虽然倒下了，但他们冲锋向前的精神一直都在，他们用生命留下一座座不朽的丰碑。这种精神一直延续在中国人的血脉中，我们从未忘记。祭奠，是因为尊崇英雄；尊崇，是为了铭记历史；铭记，是为了更好传承。

我们不会忘记，祖国更不会忘记。2014 年 8 月 31 日，第十二届全国人大常委会十次会议，通过了关于设立烈士纪念日的决定，以法律形式将 9 月 30 日设立为烈士纪念日，并规定每年 9 月 30 日国家举行纪念烈士活动。烈士纪念日设立之后，每年的 9 月 30 日，各地都会在这一天开展纪念烈士的活动。忠贞爱国的革命先烈们，必将在历史的长河里留下我们永恒的记忆和怀念。阅读他们的故事，是我们人生信念和理想的一次庄严洗礼。

10. 只为那面国旗红

站在祖国西端喀喇昆仑山海拔 5418 米的巡逻点位置上，在这个寸草不生、高寒缺氧的“生命禁区”，新疆军区河尾滩边防连年轻官兵手持钢枪、顶着寒风，站在鲜艳的五星红旗旁，用略带沙哑的嗓音高唱《我和我的祖国》，用“战士范儿”表达对祖国母亲的爱。他们的前方是风雪边关，背后是万家灯火。70 年栉风沐雨，70 年春华秋实，他们用忠诚和奉献守护着每一寸国土，书写了矢志不渝、爱国奋斗的壮丽篇章。

为什么说爱国奋斗是最可贵的精神财富？60 多年前，开发和建设大西北成为国家的战略之需。1400 多名教职工与一批德高望重的老教授率先垂范，近 3000 名学生热血沸腾。他们写着诗、唱着歌，手里拿着印有“向科学进军，建设大西北”的乘车证，义无反顾地登上西行列车。

爱国是人世间最深层、最持久的情感，是把中华民族团结在一起的精神纽带。翻开中华民族五千年的历史长卷，每一页都有爱国情感的流露。20 世纪 30 年代，请缨出征抗日的四川人王建堂，临行前得到父亲的嘱托竟然是一面“死字旗”：白布正中写着一个大大的“死”字。“我不愿你在我近前尽孝，只愿你在民族分上尽忠。”在那个民族危亡的年代，著名教育家张伯苓在南开大学开学典礼上连发三问：“你是中国人吗？你爱中国吗？你愿意中国好吗？”父亲对儿子其言谆谆，老师对学生其意切切。在爱国主义的强大感召下，千千万万中华儿女舍小家为大家，担当起救亡图存的责任，才换来最终的胜利。

什么是家国情怀？简单地说，就是以国为家、国重于家。

人民军队诞生于国家民族危亡之时，从建军伊始就把忠于党、忠于祖国、忠于人民镌刻在自己的旗帜上。“为了新中国，前进”的无悔抉择，“一人辛苦万人甜，一家不圆万家圆”的牺牲奉献，“你们好好过年，祖国有我们守护”的郑重承诺，都是革命军人家国情怀的生动体现。这种情怀，源于对国家富强、民族复兴的理想追求，源于执干戈以卫社稷的神圣职责，源于对祖国和人民的深情大爱。

抗美援朝长津湖战役中，为了切断美陆战 1 师南逃退路，20 军 58 师 172 团 3 连连长杨根思带领一个排，奉命坚守下碣隅里外围的小高岭。疯狂的美军在飞机重炮的掩护下发起猛烈攻击，重磅炸弹和凝固汽油弹如倾盆大雨般落在巴掌大的阵地上，小高地顷刻间化作一片焦土。在连续打退敌人 8 次进攻、弹尽粮绝之时，孤守阵地的杨根思抱着 5 公斤的炸药包，一跃而起，冲入敌群，拉响了导火索，与 40 多个敌人同归于尽，用鲜血和生命诠释了革命军人以身许国的大义担当。

▼ 新疆军区河尾滩边防官兵坚守在昆仑山海拔 5418 米“最高的战场”

2015年5月13日，海军航空兵学院姜涛、鲁朋飞驾机飞行训练时不幸牺牲。飞行参数记录仪上的数据真实还原了那个壮烈的瞬间：当时发动机局部失火，拉力急剧下降，飞行员判定难以维持飞行，为避开人群密集区域，果断操纵飞机右转。从发现飞机出现故障到坠毁的短短17秒内，他们选择的不是跳伞求生，而是牺牲自己保护群众。2019年3月12日，同样的一幕由任永涛、粘金鑫两位烈士上演。生死关头把人民利益放在第一位，这样的事迹在人民军队的历史上不胜枚举。王杰、李向群、邱光华、刘景泰、申亮亮……每一个催人泪下的名字背后，都对应着高尚的灵魂、钢铁的意志和坚定的行动，涌动着人民军队为人民的赤子深情。

▲ 2022年7月27日，杜国富荣获“八一勋章”

排雷兵，是和平年代离死神最近的人。“‘你退后，让我来！’六个字铁骨铮铮，以血肉之躯挡住危险，哪怕自己坠入深渊。无法还给妈妈一个拥抱，无法再见妻子明媚的笑脸，战友们拉着手蹚过雷场。你听，那嘹亮的军歌是对英雄的礼赞。”这是感动中国2018年度人物颁奖典礼上，组委会给扫雷英雄杜富国的颁奖词。当他举起断臂敬礼的那一刻，无数人潸然泪下。为人民扫除雷患，为战友血染雷场，杜富国生死关头的舍命一挡，常人也许难以理解，但对他而言却是必然的选择。他常说：“当兵就要上战场，扫雷行动机会难得，就应该站出来顶上去。”平日里，每次作业，他总是第一个进场、第一个布药、第一个引爆、第一个搜排……8年的军旅生涯锻造了一名优秀军人，艰险的岗位淬炼出一名钢铁英雄。

我和我的祖国

1=F $\frac{6}{8}$ $\frac{9}{8}$

庄重、深情地

秦咏诚 曲
张 藜 词

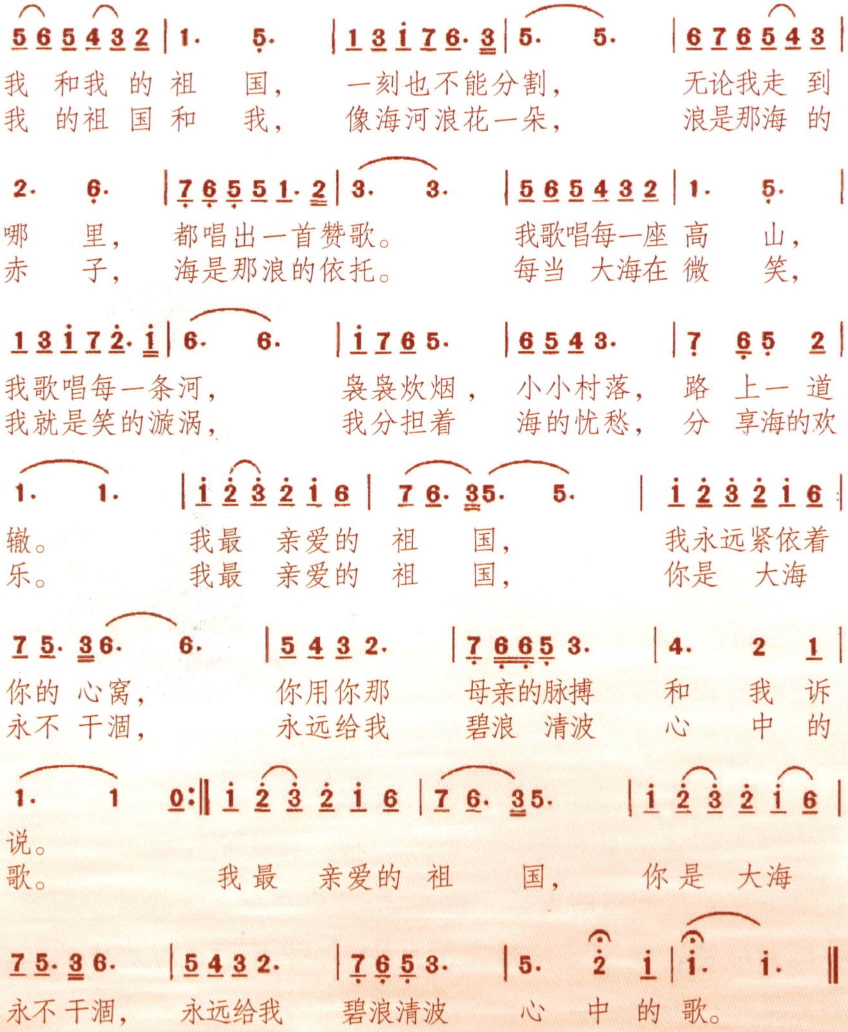

后记

《我爱我的祖国》是本书编写组在爱国教育系列丛书编委会指导下，认真组织编写的一套面向中小学生的爱国主义教育读物。这套书是在中华人民共和国成立70周年、中国共产党建党百年，为贯彻《新时代爱国主义教育实施纲要》、切实落实习近平总书记在党史学习教育动员大会上的重要讲话精神，抓好青少年学习教育，不断把爱国主义教育引向深入而编写的爱国教育丛书。

本书按历史时间顺序编写，通过生动的历史故事和图片再现中华五千年文明史精髓。在这些故事中，读者可以直观清晰地感受到中国历史的演进过程，掌握中华文明的发展脉络，真切地感受到中华五千年历史文化的光辉灿烂。

本书非常适合家庭亲子共读，也可用于课堂，引导学生开展相关学习交流、实践活动。让同学们通过阅读与交流，更加全面地了解中华人民共和国一路走来的艰辛，更加明白现在的和平生活来之不易。我们应该铭记历史，勿忘国耻，努力学习，以振兴中华为己任，增强爱国主义意识，弘扬爱国主义精神，为实现中华民族伟大复兴的中国梦而奋斗。

本书在编写过程中，得到了中央宣传部、中央军委办公厅、中国关心下一代工作委员会、军事科学院、国家教育部、北京大学、清华大学、中国人民大学、北京师范大学等单位的大力支持。中央宣传部出版局负责同志审读书稿，并对本书编写与出版工作提出指导意见。邵华泽、糜振玉、程建宁、朱新均、杨志海、张慕葏、俞源、郭传杰、聂震宁、林崇德、袁德金、闫津生等同志参与了本书编审工作，付出了辛勤劳动，在此一并致谢。

本书使用照片除注明摄影者外，其余均为周国强、夏长江、孔艺、杜翔宁、何卫国、刘帅冶等同志提供。

《我爱我的祖国》省、自治区、直辖市地方卷将陆续出版，欢迎广大读者朋友对本丛书编写工作提出宝贵意见。对本丛书编写工作提出建议并被采用者，赠样书纪念，以表感谢。

编者邮箱：8299288@163.com

编者

2022 年 10 月 28 日

知识分子的精神家园

光明版
GUANGMING VERSION